Windmühlen in Schleswig-Holstein

in alten Ansichten Band 3

von
Walter Heesch

Europäische Bibliothek - Zaltbommel/Niederlande MCMLXXXVIII

Zum Titelbild:
Das Titelbild zeigt die im Jahre 1949 abgebrannte Windmühle in Grundhof im nördlichen Angeln.

D ISBN 90 288 4661 1 / CIP

© 1988 Europäische Bibliothek - Zaltbommel/Niederlande

Im Verlag Europäische Bibliothek in Zaltbommel/Niederlande erscheint unter anderem die nachfolgende Reihe:

IN ALTEN ANSICHTEN, *eine Buchreihe in der festgehalten wird, wie eine bestimmte Gemeinde zu 'Großvaters Zeiten', das heißt in der Zeit zwischen 1880 und 1930, aussah. In dieser Reihe sind bisher in etwa 650 Einzelbänden Gemeinden und Städte in der Bundesrepublik dargestellt worden. Es ist geplant, diese Reihe fortzusetzen. Unter dem Titel* **In oude ansichten** *sind bisher etwa 1 500 Bände über Städte und Dörfer in den Niederlanden erschienen. In Belgien ist die Buchreihe mit* **In oude prentkaarten** *bzw.* **En cartes postales anciennes** *betitelt und umfaßt 400 Bände. In Österreich und in der Schweiz sind unter dem Titel* **In alten Ansichten** *bisher 100 bzw. 25 Bände erschienen. Weitere 150 Bände beschreiben Gemeinden und Städte in Frankreich, und zwar in der Buchreihe* **En cartes postales anciennes**. *In Großbritannien sind bisher 300 Bände unter dem Titel* **In old picture postcards** *herausgebracht.*

KENNT IHR SIE NOCH... *eine Buchreihe in der festgelegt wird wie die Leute-von-damals in einer bestimmten Gemeinde oder Stadt zu 'Großvaters Zeiten' lebten, lernten, wohnten, arbeiteten, feierten, Musik machten und so weiter.*

Näheres über die erschienenen und geplanten Bände der verschiedenen Buchreihen erhalten Sie bei Ihrem Buchhändler oder direkt beim Verlag.

Bis um die Mitte dieses Jahrhunderts bestimmte der vorzugsweise landwirtschaftliche Charakter Schleswig-Holsteins weitgehend die Wirtschaft unseres Landes. Verbunden damit war ein Handwerk, das auf die Bedürfnisse der Landwirtschaft ausgerichtet war. Überall in den Dörfern hörte man den Hammer des Schmiedes klingen, sah man die sich drehenden Flügel einer Windmühle. Daneben verrichteten Stellmacher und Sattler notwendige Neu- und Instandsetzungsarbeiten. Von besonderer Bedeutung aber waren die drei brotschaffenden Berufe Bauer, Müller und Bäcker, die durch ihr Tun für das tägliche Brot, das wichtigste Nahrungsmittel seit Jahrtausenden, sorgten.

Dabei war das Wirken des Müllers meistens schon von weitem erkennbar. Denn, durch Klima und Landschaft bedingt, betrieb der Müller in Schleswig-Holstein durchweg eine Windmühle, die er auf einem hohen Punkt eines Dorfes hatte errichten lassen. Dort war er dem für seine wirtschaftliche Existenz notwendigen Wind am nächsten. Und der Wind war es auch, der weitgehend den Tageslauf des Müllers bestimmte.

Manch alter Windmüller weiß noch davon zu berichten, daß er in jungen Jahren nach einer durchtanzten Nacht vom Tanzboden kommend, gleich in die Mühle mußte, weil nach tagelanger Windstille endlich der zum Mahlen notwendige Wind da war. An windstillen Tagen wurde die Zeit soweit möglich für Reparaturen genutzt. Oder die Feldarbeit mußte getan werden, denn in den Dörfern gehörte zur Mühle durchweg auch eine Landwirtschaft. Nicht selten war der Mühle auch eine Bäckerei oder eine Gastwirtschaft angeschlossen. Der Müller hatte eine vielseitige Tätigkeit auszuüben, die sich an den Wünschen seiner Kunden zu orientieren hatte.

Allein schon die Arbeit in der Mühle erforderte ein umfangreiches Fachwissen und viel handwerkliches Geschick. Für das Herstellen von Mehl und Schrot war neben der notwendigen Kenntnis der Getreideeigenschaften auch viel Verständnis für Technik erforderlich, um Menschen und Mühle vor Schaden zu bewahren. Das Ächzen der Flügel und das Knarren des hölzernen Räderwerks begleiteten den Alltag des Müllers. Es war dem Müller die Stimme der Mühle. Sie war ihm vertraut wie seine Mühle selbst. Er kannte aber auch jedes fremdartige Geräusch

und wußte sofort, wenn irgendetwas mit der Mühle nicht stimmte.

Größere Reparaturen oder gar Neubauten konnten die Windmüller allein nicht durchführen. In solchen Fällen war es notwendig, sich eines Mühlenbauers zu bedienen. Da die Windmühlen bis etwa zum letzten Viertel des vergangenen Jahrhunderts fast ganz aus Holz bestanden, bildeten sich Mühlenbauer aus holzverarbeitenden Betrieben. Es waren Zimmerer, die sich dem Spezialgebiet des Mühlenbaues widmeten. Neben besonderer Fachkenntnisse erforderte der Mühlenbau Ideenreichtum und handwerkliche Fähigkeiten, die über die allgemeine Zimmermannskunst hinausgingen.

Durch die zunehmende Industrialisierung und die Steigerung des Lebensstandards breitester Volkskreise wurden die handwerklichen Mühlen mehr und mehr durch Industriemühlen mit zum Teil riesigen Kapazitäten verdrängt. Den Niedergang der Handwerksmüllerei mögen einige Zahlen eindrucksvoll belegen. Zum Stichtag am 1. Januar 1937 waren im Kammerbezirk der Handwerkskammer Flensburg 446 Müllerbetriebe und 10 Mühlenbaubetriebe in der Handwerksrolle eingetragen; 50 Jahre später, zum Stichtag 1. Januar 1987, waren es nur noch 32 Müllerbetriebe. Keiner von diesen Betrieben arbeitete noch voll erwerbstätig mit Windkraft. Mühlenbaubetriebe sind in der Handwerksrolle nicht mehr eingetragen. Der Mühlenbau ist jetzt Bestandteil des Maschinenbauerhandwerks.

Müller und Mühlenbauer waren über einen langen Zeitraum unverzichtbarer Bestandteil dörflicher Gemeinschaft. Nicht minder war ihre Bedeutung in den Städten. Durch ihre Leistungen, ihr Tun und Handeln haben sie das wirtschaftliche und kulturelle Leben in unserem Land mitgeprägt.

Möge dieses Buch dazu beitragen, das Wirken der Müller und Mühlenbauer in bleibender Erinnerung zu halten, zugleich aber auch jetzt tätigen Handwerkern in einschlägigen Berufen Ansporn sein, überlieferte alte Techniken des Mühlenbaues zu wahren oder sie wieder zu lernen, damit die noch vorhandenen Windmühlen als charakteristische Bau- und Kulturdenkmale Schleswig-Holsteins auch nachfolgenden Generationen erhalten werden können.

Alter Müller-Spruch ⌐ So lange Welten stehn,

so lange Menschen sind,

Werd'n Mühlenräder gehn,

durch Wasser, Dampf und Wind.

Glück zu!

Müllerspruch und Müllerwappen.

J. P. Sierks

Mühlenbaugeschäft

Hennstedt i. Dithm.

Telephon Nr. 13.

Postkarte.

Postkarte aus der Zeit um 1912 mit Firmeneindruck des Mühlenbaugeschäftes J. P. Sierks, Hennstedt in Dithmarschen. Johann Peter Sierks hatte das Mühlenbaugeschäft von Peter Suhr, bei dem er eine zeitlang als Geselle gearbeitet hatte, übernommen. Sierks baute nicht nur Mühlen, er betrieb auch selbst eine Windmühle zum Holzsägen. Johann Peter Sierks fiel im Ersten Weltkrieg. 1921 kaufte Johann Jürgens, Müllersohn aus Hopen, die Mühle. Jürgens ließ die windbetriebene Holzsägemühle in Hennstedt abbrechen und, zu einer Kornmühle umgebaut, auf das Dach seines Hauses in St. Michaelisdonn setzen (Abbildung 39).

KARTE VON SCHLESWIG-HOLSTEIN

○ Sitz der Kreisverwaltung

Standorte der in Band 3 abgebildeten Windmühlen

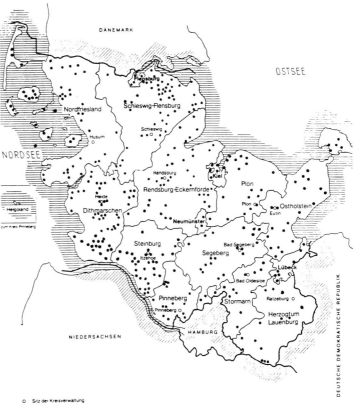

KARTE VON SCHLESWIG-HOLSTEIN

Standorte der abgebildeten Windmühlen (Band 1-3)

○ Sitz der Kreisverwaltung

Verzeichnis der Abbildungen Band 1-3:

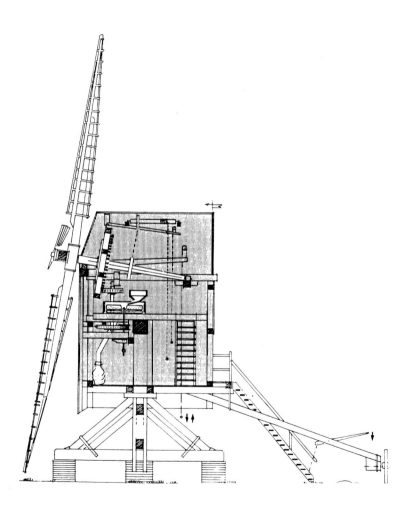

Schematische Darstellung der Kraftübertragung bei der Bockwindmühle. Bei der Bockwindmühle überträgt das auf der Flügelwelle sitzende große Kammrad die Drehbewegung unmittelbar auf das über dem Mahlgang befindliche Stockgetriebe. Um die Flügel in den Wind zu stellen, muß das ganze Mühlengehäuse mit Hilfe des Steerts und einer Winde gedreht werden. (Zeichnung: Horst v. Bassewitz.)

Schematische Darstellung der Kraftübertragung in einer Holländermühle, hier der Typ des Berg- oder Kellerholländers. Bei der Holländermühle erfolgt die Kraftübertragung nicht mehr unmittelbar auf das Mahlganggetriebe, sondern es wird ein sogenanntes Vorgelege, die senkrechte Königswelle, zwischengeschaltet. Über den waagerechten Bunkel, an ihrem oberen Ende, wird die Königswelle vom großen Kammrad angetrieben. Unten wird ein großes waagerechtes Stirnrad zum Antrieb der verschiedenen Mahlganggetriebe aufgekeilt. (Zeichnung Horst v. Bassewitz.)

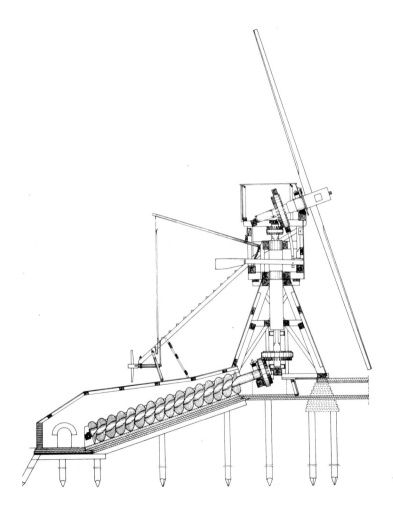

Schnitt durch eine Entwässerungsmühle; nach einer alten, von Carsten Schütt, Flethsee, gefertigten Originalzeichnung von der Entwässerungsmühle des Herrn A. Mehlert & Ww. St. Brandt zu Flethsee, für das Umsetzen der Mühle wegen eines Chausseebaues.

1. RODENÄS

Im äußersten Nordwesten Schleswig-Holsteins liegt Rodenäs. Wenige Kilometer weiter westlich wurde 1982 ein neuer Landesschutzdeich geschlossen. Der Deich, ein deutsch-dänisches Gemeinschaftswerk, führt vom Hindenburgdamm bis Emmerlev in Nordschleswig und umschließt auf deutscher Seite das neugeschaffene Naturschutzgebiet 'Rickelsbüller Koog'. Die Windmühle in Rodenäs wurde um 1900 von dem Mühlenbauer Brodersen aus Niebüll erbaut. Das Wohnhaus errichtete man, wie an der nordfriesischen Küste üblich, in Ost-West-Richtung, um den hier vorherrschenden Westwinden möglichst wenig Angriffsfläche zu bieten. Die Windmühle wurde 1947 abgebrochen und durch eine Motormühle ersetzt, die noch heute in Betrieb ist.

2. MORSUM/SYLT

Im Jahre 1787 erbaute der Inhaber der Munkmarscher Graupenmühle Lorens Momsen in Morsum die abgebildete Graupenmühle. Für die Konzession zum Bau und Betrieb der Mühle hatte der Müller eine jährliche Abgabe von 50 Reichsthalern an den dänischen Staat zu entrichten. Die Mühle erhielt, ohne dafür um Erlaubnis nachzusuchen, auch Mahlsteine. So war es dem Müller möglich, neben Graupen auch Gerstenmehl herzustellen. Gerste war früher auf Sylt die Hauptgetreideart. Auf der Insel wurde vieles aus Gerstenmehl hergestellt, wozu man anderenorts Weizenmehl verwendete. Gerstenmehlpudding und Klöße aus Gerstenmehl waren früher Sylter Spezialitäten. Letzter Windmüller in Morsum war Andreas Petersen. Er legte 1918 die Mühle still und ließ sie abbrechen.

3. ALKERSUM AUF FÖHR

Föhr, die grüne nordfriesische Insel, war früher eine Insel der Windmühlen. Rund ein Dutzend Mühlen drehten einst ihre Flügel im frischen Nordseewind. Sie mahlten das Korn für die Inselbewohner und dienten den Menschen im Wattenmeer und auf Schiffen als Orientierungspunkte. Die Geschichte der Alkersumer Mühle läßt sich bis in die Mitte des 18. Jahrhunderts zurückverfolgen. Aus einer Nachricht geht hervor, daß der Müller Volkert Petersen die Mühle 1768 in Erbpacht übernahm. In den neunziger Jahren des vorigen Jahrhunderts kam die Mühle in den Besitz von Philipp Hassold. Die damals noch mit Steert ausgerüstete Windmühle erhielt später eine Windrose. Ph. Hassold verkaufte die Mühle 1919 an Friedrich Arp aus Lägerdorf. Am 15. Juni 1931 brannte die Mühle ab.

4. BORGSUM AUF FÖHR

Gleich zwei Föhrer Windmühlen wurden während eines Gewitters am 14. Oktober 1893 durch Blitzschlag zerstört: die Mühlen in Goting und Borgsum. 1894 kaufte der Borgsumer Müller Boy Johann Knudsen eine Mühle vom Festland und ließ sie in Borgsum wieder aufbauen. Die Mühle war mit Steert ausgerüstet. Mit Hilfe des Steerts können die Flügel in den Wind gedreht werden. Dazu werden um die Mühle herum Pfähle in die Erde geschlagen. An diesen Pfählen kann eine Eisenkette befestigt werden, die auf die Winde des Steerts gewickelt wird. Dabei wird der Steert und damit die Kappe gedreht. Die Borgsumer Mühle war die einzige Windmühle auf Föhr, die nicht auf Windrose umgerüstet wurde. 1947 ließ der Müller Cornelius Adolf Andresen Flügel, Steert und Kappe abbauen.

5. GOTING AUF FÖHR

Im Jahre 1896 baute der Mühlenbauer Peter Suhr aus Hennstedt für den Müller Jacob Martens in Goting eine neue Windmühle anstelle der 1893 durch Blitzschlag zerstörten Mühle. Martens verkaufte die Mühle 1918 an Friedrich Nissen. Als um 1920 die Borgsumer Meierei in ihren Gebäuden einen Mahlbetrieb einrichtete, um überschüssigen Dampf der Meierei zu nutzen, verlor die Gotinger Mühle Kundschaft. Nissen verpachtete deshalb 1924 die Mühle für fünf Jahre und ging nach Amerika. Der Pächter John Petersen hielt den Pachtvertrag jedoch nicht ein und verließ schon bald die Mühle. Als der Eigentümer 1929 nach Föhr zurückkehrte, waren die wirtschaftlichen Verhältnisse so ungünstig, daß er 1931 die bereits seit 1925 flügellose Mühle abbrechen ließ.

6. NORDSTRAND-SÜDEN

Die Insel Nordstrand, durch einen Autodamm mit dem Festland verbunden, ist das grüne Herz des Wattenmeeres und ein ertragreiches Kornland. Das Foto aus den dreißiger Jahren zeigt den Galerieholländer in Nordstrand-Süden. Die Windmühle hatte zwei Mahlgänge und arbeitete zuletzt jahrelang mit nur einer Rute (ein Flügelpaar). Daneben hatte die Mühle aber noch einen Hilfsantrieb, den der Müller und Bäcker L. Jacobsen bei Bedarf einsetzen konnte. Die Konstruktion der Mühle bestand ganz aus Holz. Auch der untere senkrechte Teil der Mühle war mit Holz verkleidet und oberhalb der Galerie zurückgesetzt. Bis 1945 arbeitete die Mühle noch mit Windkraft. Dann wurde die Kappe abgebaut und der Stumpf erhielt ein flaches Zeltdach.

Hallig Süderoog. Feting.

7. HALLIG SÜDEROOG

Im Südwesten des Nordfriesischen Wattenmeeres liegt die Hallig Süderoog. Um 1900 hatte die damals rund 100 ha große Hallig acht Einwohner. Zur Versorgung von Mensch und Vieh wurde Korn von Pellworm zur Hallig gebracht und in der kleinen Bockmühle zu Back- oder Futterschrot verarbeitet. Die Abbildung zeigt im Vordergrund einen Fething. In diesem trichterförmigen Süßwasserteich sammelte man das Regen- und Schmelzwasser von den Hausdächern und von der Warft als Tränkwasser für das Vieh. Das Trinkwasser für Menschen wurde vom Regenwasser der Dächer in einem verschließbaren Sood gesammelt. Vor einigen Jahren wurde auf Süderoog eine windbetriebene Meer-wasser-Entsalzungsanlage in Betrieb genommen.

8. RISUM

Das Windmühlensterben in unserem Jahrhundert machte auch vor dem Galerieholländer in Risum nicht halt. Hier auf dem Foto aus dem Jahre 1936 wird noch einmal ein Flügel repariert. Aber schon in den vierziger Jahren wurde der Windbetrieb eingestellt und mit Elektromotor gearbeitet. Die Mühle war im Jahre 1911 von dem Mühlenbauer August Brodersen aus Niebüll errichtet worden. Nachdem im Februar 1911 die alte reetgedeckte Risumer Holländermühle abgebrannt war, konnte bereits am 1. August des gleichen Jahres das Richtfest für die neue Mühle gefeiert werden. Der Unterbau wurde in der hier landschaftstypischen Bauweise aus roten Backsteinen errichtet.

9. BARGUM

Zu den modernsten und leistungsfähigsten Windmühlen im Schleswiger Land gehörte einst die 1887 errichtete Windmühle in Bargum. Schon vorher hatte hier ein Erdholländer gestanden, der 1886 abbrannte und 1887 durch einen leistungsfähigeren Galerieholländer mit Jalousieflügeln und Windrose ersetzt wurde. Ihren Namen 'Aeolus' erhielt die Mühle nach dem Gott der Winde. Letzter Windmüller in Bargum war Johannes Sönksen, der die Mühle bis 1960 betrieb. Flügel, Windrose und Galerie wurden abgebaut. Wegen der gut erhaltenen Inneneinrichtung wurde die Mühle Anfang der siebziger Jahre unter Denkmalschutz gestellt. Die Bargumer Mühle verfügt als einzige Windmühle auf dem nordfriesischen Festland noch über ein vollständiges Mahlwerk.

10. MÖNKEBÜLL

Die Mönkebüller Mühle war in früherer Zeit eine königliche Zwangsmühle. In einem Heuerkontrakt von 1703 verpachtete der König die Mühle an vier Einwoher aus Mönkebüll und zwei Einwohner aus Loheide. Die sechs Männer hatten jährlich 20 Reichsthaler Heuer an 'guten dänischen Kronen' ins Königliche Register zu Bredstedt zu entrichten. 1892 erwarb Henning Henningsen die Mühle, die bald danach durch Blitzschlag abbrannte. Henningsen kaufte eine Mühle im Kleiseerkoog und baute sie in Mönkebüll als Galerieholländer wieder auf. 1916 kam die Mühle in den Besitz der Familie Munck. Unter Ernst Munck arbeitete die Mühle bis 1949 mit Windkraft, zuletzt nur noch mit einer Rute. Heute wird das Erdgeschoß des Mühlenstumpfes als Lagerraum genutzt.

11. LANGENHORN-LOHEIDE

In einer so mühlenreichen Landschaft wie Schleswig-Holstein hat es auch immer wieder Besonderheiten gegeben, wie die kleine Holzsägemühle des Sönke Petersen am Holmweg. Um diese Mühle ranken allerlei Geschichten. So wird in den Chronikblättern aus Langenhorn berichtet, Sönke Petersen habe eine kinderreiche Familie gehabt. Um seine Frau von der vielen Arbeit zu entlasten, habe er die Windmühle auch dazu benutzt, die Wiege in Bewegung zu halten. Auf der Abbildung ist eine Verbindung zwischen Windmühle und Wohnhaus erkennbar. Es kann nicht gesagt werden, ob es sich dabei um eine Antriebswelle oder um eine konstruktive Verbindung gehandelt hat, um der Windmühle mehr Stabilität zu geben. Das Foto entstand 1936. Die Mühle ist längst verschwunden.

12. STERDEBÜLL

Ein Wintergewitter, das sich an der Nordseeküste entlud, setzte im Januar 1865 die Sterdebüller Windmühle durch Blitzschlag in Brand. Noch im gleichen Jahr wurde eine neue Windmühle südöstlich des Dorfes als reetgedeckter Kellerholländer mit Segelflügeln und Steert errichtet. Später erhielt die Mühle eine Windrose und Jalousieflügel. Der Rumpf wurde mit Stahldachplatten verkleidet. 1931 wurden Kappe, Flügel und das alte Räderwerk entfernt, und 1982 übereignete die Raiffeisenbank Breklum der Interessengemeinschaft Baupflege Nordfriesland den Mühlenrumpf zum Abbau. Nach langer Anlaufzeit hoben 1984 zwei Mobilkräne den Rumpf insgesamt vom Sockel. Der Rumpf wurde eingelagert für einen geplanten Wiederaufbau an einem nahe gelegenen Standort.

13. DRELSDORF-PETERSBURG

Am 19. Juni 1829 brannte die Holländermühle in Drels-
dorf-Petersburg im Westen des Dorfes ab. Im gleichen
Jahr wurde ein Galerieholländer von Borsbüll nach
hierher versetzt. Die Mühle hatte eine vom Erdboden
bis zur Kappe durchgehende reetgedeckte Schrägung
des Rumpfes, eine in Schleswig-Holstein seltener ange-
wandte Bauweise. Hierzulande haben die meisten Holländermühlen einen senkrechten Unterbau und die
Schrägung erhält durch Aufschieblinge die typische,
unten ausschwingende Form. 1939 erhielt auch die Pe-
tersburg-Mühle ein solches Aussehen, wobei die Reet-
deckung durch Dachpappe ersetzt wurde. Bis nach dem
Zweiten Weltkrieg arbeitete die Mühle noch vor Wind.
In dem erhalten gebliebenen Mühlenstumpf befindet
sich jetzt eine Wohnung.

14. STRUCKUM

Ein Wahrzeichen des Dorfes Struckum ist noch heute die 1806 am Westrand des Dorfes errichtete Holländermühle 'Fortuna'. Sie zählt zu den schönsten Windmühlen Norddeutschlands. Auffallend ist bei diesem Kellerholländer mit dem mächtigen Achtkant die klare geometrische Form der Schrägung, die ohne Aufschiebling auf dem Unterbau endet. Eine Besonderheit ist auch, daß die vom Erdwall in die Mühle führende zweiflügelige Tür vollständig in die Schrägung einschneidet. Bis 1960 war die Mühle in Betrieb. Danach verfiel sie. Um 1970 wurde die Mühle restauriert und 1972 unter Denkmalschutz gestellt. Im gleichen Jahr erwarb der aus Westfalen stammende Sänger Hannes Wader die Mühle und richtete darin eine Wohnung ein.

15. HATTSTEDT

Bockwindmühlen wurden im 19. Jahrhundert weitgehend durch leistungsfähigere Holländermühlen ersetzt. Während die Bockmühlen im allgemeinen nur einen Mahlgang oder einen Graupengang hatten, waren die Holländermühlen überwiegend mit zwei bis drei und teilweise sogar mit bis zu fünf Gängen ausgerüstet. Die hier abgebildete Bockwindmühle stand westlich von Hattstedt am Wege nach Wobbenbüll und war bis um 1920 erhalten. Auf dem Bild sind die Merkmale der in Schleswig-Holstein typischen Bockwindmühle erkennbar: klare geometrische Form, senkrechte Bretterverschalung des Mühlengebäudes, senkrecht zum Steert verlaufende Treppe, überdachte Rolle oberhalb der Dachwindeluke. Auffallend hingegen war das ungewöhnlich kleine Müllerhaus.

16. WINNERT

Am Rande der Geest gegen die moorige Treeneniede-
rung liegt im Südosten des jetzigen Kreises Nordfriesland das Dorf Winnert. Die Windmühle wurde um 1880
von Tating nach Winnert umgesetzt und als Kellerholländer mit einem aufgeschütteten Mühlenberg umgeben. Den Mühlenberg trug man später ab und errichtete dort Lagerräume, deren begehbare Flachdächer zum
Bedienen der Flügel und der Bremse dienten. Als 1942
die Windrose zu Bruch ging, wurde der Windbetrieb
eingestellt und mit Elektromotor gemahlen. Heute ist
von der einstigen Windmühle nur noch der Unterbau
vorhanden. Der im Nordwesten des Dorfes von der
Hauptstraße abzweigende Mühlenweg erhielt seinen
Namen nach der ehemaligen Windmühle.

17. FRIEDRICHSTADT

Ein Juwel an der Westküste Schleswig-Holsteins ist das an Eider und Treene gelegene Städtchen Friedrichstadt, 1621 gegründet unter Herzog Friedrich III. von Gottorf von holländischen Remonstranten, die hier eine neue Heimat fanden. Nach Holland versetzt fühlt sich, wer eine Fahrt auf den Kanälen und Grachten macht, die die Stadt durchziehen, oder am Marktplatz die besonders schmucken, jahrhundertealten Häuser mit ihren Treppengiebeln betrachtet. Die abgebildeten Holländermühlen, links die Malzmühle, rechts die Kornmühle, sind leider schon längst aus dem Stadtbild verschwunden. Nur von der Kornmühle steht an der Straße 'Am Hafen' noch der zweigeschossige, aus roten Backsteinen gemauerte Unterbau.

18. OLDENSWORT

Nur 7 km von der Nordsee entfernt liegt Oldenswort, mit rund 1 400 Einwohnern das größte Dorf der Halbinsel Eiderstedt. Die Windmühle in Oldenswort-Osterende wurde 1786 als Erdholländer errichtet. Mühlenbauer Gehl aus Friedrichstadt baute den Erdholländer 1895 zu dem hier abgebildeten Kellerholländer um. Nach der Tochter des Müllers wurde die Windmühle 'Catharina' benannt. Im Jahre 1933 erhielt die Mühle, nach eigenem Patent des Müllers, Flügel mit gleich breiten Klappen beiderseits der Ruten. Bis nach dem Zweiten Weltkrieg arbeitete die Mühle noch mit Windkraft. Zur Unterscheidung von der Motormühle in Oldenswort, nannte der Windmüller seine noch auf Oldensworter Grund in Osterende stehende Mühle 'Witzworter Mühle'.

19. WELT

Direkt am Deich erbaute 1889 der Mühlenbauer Theodor Peters aus Tetenbüll den Kellerholländer 'Emanuel'. Der abgeflachte Erdwall erreichte die Deichhöhe und war von einem Holzgeländer umgeben, da die Straße unmittelbar an der Mühle vorbeiführte. Charakteristisch bei den Mühlen in Eiderstadt ist die weit ausgeschwungene Form der Schrägung. Sie wird erreicht durch Aufschieblinge, die auf die Ständer des Achtkants gesetzt werden. Auf dem Bild erkennt man eine Rute mit Klappen am Vorheck. In Eiderstedt wurden die Windmühlenflügel bevorzugt mit doppelten Klappen ausgerüstet. Bis 1948 arbeitete Müller Heinrich Meeder nur mit Windkraft. Heute ist die Mühle flügellos.

20. GARDING

Garding, zentral auf der Halbinsel Eiderstedt gelegen, wird 1187 erstmals erwähnt und erhielt 1590 die Stadtrechte verliehen. Die kleine Stadt, mit heute etwas mehr als 2 000 Einwohnern, hatte noch nach dem Zweiten Weltkrieg zwei Windmühlen. Erhalten geblieben ist die abgebildete Windmühle 'Emanuel' im Osten der Stadt. Der Erdholländer wurde 1857 errichtet und erhielt später als Aushilfsantrieb einen Motor, der in einem Nebengebäude untergebracht war. 1950 explodierte der Motor und damit war auch das Ende des Mahlbetriebes unter dem letzten Müller Peter Rohlfs besiegelt. Das Mahlwerk wurde ausgebaut und in der Mühle eine Galerie eingerichtet. Die schmucke Mühle und die darin eingerichtete Galerie sind eine liebenswerte Sehenswürdigkeit.

21. ST. PETER-ORDING

St. Peter-Ording, 1967 aus den bis dahin selbständigen Gemeinden St. Peter und Ording gebildet, ist mit einem 12 km langen und etwa 500 m breiten Strand das Bad der Weite an der äußersten Westspitze der Halbinsel Eiderstedt. Neben modernem Kur- und Badebetrieb findet man hier Weiden, Wiesen, Äcker und schmucke Reetdachhäuser. Die abgebildete Windmühle mit dem reetgedeckten Rumpf stand im Ortsteil Brösum nahe der Straße von Tating nach Ording. Ursprünglich war die Mühle mit Steert ausgerüstet. Später erhielt sie eine Windrose und Jalousieflügel mit Klappen beiderseits der Ruten. Um 1920 wurde die Mühle abgebrochen.

22. KAROLINENKOOG

Nachdem Norderdithmarschen 1773 unter die Hoheit der dänischen Monarchie gekommen war, ersuchten die Interessenten des Strübbeler, Zennhusener, Hemmerwurther wie auch Grovener und Nesserdeicher Außendeichs den König um die Bewilligung eines Kredits für die Eindeichung eines neuen Kooges. Mit der 1799 vom König bewilligten Anleihe von 80 000 Reichsthalern wurde die Bedeichung in Angriff genommen und 1801 fertiggestellt. Nach der Erbprinzessin Karoline erhielt der neue Koog den Namen Karolinenkoog. Die Windmühle wurde 1885 von Böddinghusen nach Karolinenkoog umgesetzt. Das Foto zeigt den Brotwagen von Wilhelm Voß vor der Mühle. Nach einem schweren Sturmschaden wurde die Mühle 1919 abgebrochen.

23. WESSELBUREN

Wesselburen, 1281 erstmals urkundlich erwähnt und seit 1899 Stadt, ist wirtschaftlicher und kultureller Mittelpunkt der Nordermarsch. Die mit einem zwiebelbekrönten Dachreiter versehene St.-Bartholomäus-Kirche auf dem ovalen Marktplatz enthält einen der bedeutendsten barocken Kirchenräume Schleswig-Holsteins. Eine historische Kostbarkeit ist auch die ehemalige Kirchspielsvogtei aus dem Jahre 1737, die das Hebbelmuseum beherbergt. Zu den ortsprägenden Bauwerken gehörten um 1900 auch drei Windmühlen, die aber alle längst verschwunden sind. Die abgebildete Postelsche Mühle stand an der Bahnhofstraße zwischen 'Grüner Weg' und Süderstraße. Sie wurde 1912 abgebrochen und in Drage bei Friedrichstadt wieder aufgebaut.

24. LEHE

Zwei Windmühlen drehten bis in die ersten Jahrzehnte dieses Jahrhunderts hinein ihre Flügel in dem an der Bundesstraße 5 zwischen Lunden und Friedrichstadt gelegenen Dorf Lehe. Die Abbildung zeigt die heute nicht mehr vorhandene Windmühle der Familie Maaß. In dem zur Mühle gehörigen Müllerhaus befand sich neben den Wohnräumen auch ein Verkaufsraum für Mehl und Futtermittel sowie ein Amtszimmer des Müllers und Gemeindevorstehers Ernst Maaß. Bei einem Sturm wurden im Jahre 1935 die Flügel so stark beschädigt, daß der Windbetrieb eingestellt wurde. Bis 1944 betrieb Müller Maaß die Mühle noch mit Elektromotor.

25. REHM

Auf einem schmalen Geestrücken zwischen Moor im Osten und Marsch im Westen verläuft in Nord-Süd-Richtung die Bundesstraße 5 zwischen Lunden und Weddingstedt. In dem zur Gemeinde Rehm-Flehde-Bargen gehörenden Dorf Rehm wurde 1849 ein Keller-holländer erbaut. Als in den letzten Jahrzehnten des 19. Jahrhunderts verstärkt Dampf als Antriebskraft eingesetzt wurde, versuchte man es 1890 bei der Rehmer Mühle mit einer gemieteten Lokomobile. 1902 entfernte man den Erdwall, der die Mühle umgab und baute die Mühle zu einem Galerieholländer um. Auf diese Weise war es möglich, unmittelbar an den gemauerten Unterbau der Mühle Nebenräume anzubauen. Die Mühle kam 1911 in den Besitz der Familie Sievers und wurde 1940 durch eine moderne Motormühle ersetzt.

26. DELLSTEDT

Ein einzigartiges Baudenkmal in der Mühlenlandschaft Schleswig-Holsteins ist die 1926 als Eigenbau errichtete Bauernmühle der Familie Pewe in Dellstedt. Der Bau wurde als Holländermühle mit einem viereckigen Rumpf errichtet. Vier mächtige Rundhölzer führen vom Erdboden bis zur Kappe. Das Dach der beiden unteren Geschosse dient gleichzeitig als Umgang. Zwei Mahlgänge und eine Haferquetsche sind in der Mühle untergebracht. Die Mühle sorgte für den Eigenbedarf und diente in kleinerem Umfang auch als Kundenmühle. Als gegen Ende der fünfziger Jahre das letzte Kapitel der mahlenden Windmühlen begann, verlor auch die Bauernmühle in Dellstedt an Bedeutung, wurde schließlich stillgelegt und begann zu verfallen.

27. DELLSTEDT

Ein Blick in das Innere der als Eigenbau errichteten Dellstedter Bauernmühle läßt deren fachmännischen technischen Standard erkennen. Das Foto zeigt in Bildmitte das Stirnrad, in dessen Kämme die Stockräder eingreifen. Oberhalb des Stirnrades befindet sich die senkrechte Königswelle. Sie ist Antriebswelle für das Stirnrad und das Getrieberad des Sackaufzuges. Um dieses in Schleswig-Holstein einzigartige Bauwerk zu erhalten, bildete sich unter Vorsitz von Sievert Christiansen eine Arbeitsgemeinschaft Dellstedter Bauernmühle. Mit finanzieller Unterstützung der öffentlichen Hand wurde 1987 mit der Restaurierung der Mühle begonnen. Nach Abschluß der auf zwei Jahre veranschlagten Arbeiten, sollen die Flügel dieser reizvollen Mühle wieder kreisen.

28. TELLINGSTEDT

Zum Fördern geringer Wassermengen setzte man in Schleswig-Holstein noch etwa bis in die dreißiger Jahre unseres Jahrhunderts hinein kleine windbetriebene Pumpen ein, wie hier im Moor bei Tellingstedt. Solche mit segelbespannten Flügeln versehenen Pumpmühlen dienten zum Entwässern kleinerer Flächen, oder wurden im Bereich der Torfgewinnung eingesetzt. Sie waren transportabel und konnten deshalb ohne große Schwierigkeiten umgesetzt werden. Im Herbst baute man diese Pumpmühlen ab und im Frühjahr wieder auf, um sie im Winter nicht im Freien zu lassen. Im Hintergrund ist ein 'Windmotor' zu sehen. Solche eisernen Windmühlen wurden in großer Zahl in der Maschinenfabrik Köster in Heide hergestellt.

29. OSTERRADE

Westlich des an der Chaussee zwischen Wrohm und Albersdorf liegenden Dorfes Osterrade ließ Johann Thießen 1871 eine Holländermühle errichten. Es war ein Kellerholländer mit deutlich geschwungener Form des Rumpfes und einem oberhalb des Erdwalls waagerecht verbretterten Unterbau, eine Bauform wie sie besonders im südlichen Teil Dithmarschens häufig anzutreffen war. Während des Zweiten Weltkrieges wurden die Flügel abgebaut. Mit einem Dieselmotor wurde der Mahlbetrieb fortgesetzt. Klaus Detlef Rathjens pachtete die Mühle im Dezember 1945 und erwarb sie 1950. Um 1960 wurde die Mühle abgebrochen. Der von der Chaussee nach Albersdorf in östlicher Richtung abzweigende 'Mühlenweg' weist auf den Standort der früheren Windmühle hin.

30. MELDORF

Noch voll in Betrieb war die Südermühle in Meldorf als dieses Foto in den dreißiger Jahren entstand. Die Holländermühle hatte der Mühlenbauer Max Suhr anstelle einer abgebrannten Mühle errichtet. 1892 erwarb Daniel Friedrich die von Suhr erbaute Mühle. Der Galerieholländer hatte drei Mahlgänge mit denen der Müller Futterschrot und Roggenbackschrot herstellte. Später wurde auf dieselbetriebenen Walzenstühlen auch Weizen gemahlen. Nach dem Zweiten Weltkrieg geriet der Mühlenbetrieb in wirtschaftliche Schwierigkeiten und stellte 1963 die Tätigkeit ein, und die Mühle drohte zu verfallen. 1984 erwarb das Ehepaar Penner die Mühle und begann mit Hilfe von Städtebauförderungsmitteln mit der Objektsanierung. Nachdem Ende 1987 neue Flügel montiert wurden, hat Meldorf nun zwei mit Flügeln ausgestattete Windmühlen.

31. EPENWÖHRDEN

Über die flache Marsch weithin sichtbar sind der leuchtend weiß gestrichene Unterbau und der darüber vorhandene anthrazitfarbene Achtkant der ehemaligen Epenwöhrdener Windmühle. Obwohl in windreicher Gegend errichtet, ließ der Müller die Mühle 1889 mit einer Dampfmaschine ausrüsten, zog es aber vor, auch weiterhin ohne Hilfsantrieb auszukommen. Das änderte sich als Müller Karstens 1929 einen Gasöl-Motor der abgebrannten Helser Mühle übernahm. Wegen des teuren Gasöls baute Karstens den Motor eigenhändig auf Teeröltreibstoff um. Noch lange nach dem Zweiten Weltkrieg arbeitete die ehrwürdige 'Rosine' der Müllerfamilie Karstens mit Windkraft, zuletzt noch geraume Zeit mit nur zwei Flügeln.

32. WINDBERGEN

Wohnen 'hart am Wind' im Heim mit vier Flügeln ist seit Jahren sehr beliebt. Auch die Bornholdtsche Mühle in Windbergen wurde zu einer 'Wohnmühle' umgebaut. 1864 als Kellerholländer mit Steert errichtet, kam die Mühle 1869 in den Besitz von Johann Friedrich Bornholdt und erhielt 1906 nach einem Sturmschaden eine neue Kappe mit Windrose. Gleichzeitig wurde als Aushilfsantrieb ein Benzinmotor installiert. Als Otto Bornholdt 1921 das Anwesen übernahm, erhielt die Mühle den Namen 'Olga' nach der Frau des Müllers. Nach einem Sturmschaden 1954 und Blitzschlag 1955 wurde 1956 die Kappe abgebaut und der Betrieb mit Elektromotor weiter geführt. 1973 wurde die Mühle verkauft und danach zu einer Wohnung ausgebaut. Dabei erhielt die Mühle auch wieder Flügel.

33. NORDERWISCH

Zu den letzten Bockwindmühlen in Dithmarschen gehörte auch die Mühle in Norderwisch. Sie war noch
nach 1870 vorhanden und wurde später durch den hier
abgebildeten Kellerholländer ersetzt. Die Bauweise
mit der geschwungenen Form des achteckigen Rumpfes und dem waagerecht verbretterten Unterbau war im
früheren Süderdithmarschen charakteristisch. Im Jahre 1952 fiel die Windmühle 'Immanuel' der Spitzhacke
zum Opfer. Mit den sich ändernden Lebensbedingungen nach der Währungsreform von 1948 stiegen die Anforderungen an die Mehlqualitäten, wie sie wirtschaftlich nur von modernen Mühlen zu erreichen waren; zudem schroteten viele Bauern mit eigenen elektrisch be-
triebenen Schrotmühlen. So war das Ende der Windmühlen vorgezeichnet.

34. TENSBÜTTEL

Eine außergewöhnliche Reise haben um 1970 wichtige Teile der 1855 von Jürgen Friedrich Struve in Tensbüttel errichteten Windmühle 'Sophia' angetreten. Sie wurden verwendet für den Aufbau einer Windmühle im Freilichtmuseum der Mennoniten in Steinbach in der Provinz Manitoba in Kanada. Bis in den Zweiten Weltkrieg hinein hatte die Tensbütteler Mühle vor Wind gearbeitet. Nach dem Krieg schrotete die Müllerfamilie mit Motor für den eigenen Bedarf. Um 1970 wurde die Mühle abgebrochen. Einige wichtige Mühlenteile wurden zunächst nach Holland transportiert. Dort baute der Mühlenbauer Jan Medendorp eine Kappe, fertigte weitere Mühlenteile und brachte alles per Schiff nach Kanada, wo 1972 in Steinbach der Aufbau eines Galerieholländers erfolgte.

35. SÜDERHASTEDT

Im Rahmen der Gebietsreform vom 26. April 1970 kam das damals 49 Einwohner zählende Dorf Kleinhastedt zur Gemeinde Süderhastedt. Selbst in dem kleinen Dorf Kleinhastedt hatte man im vergangenen Jahrhundert eine Windmühle errichtet. Das macht die Vielzahl der Windmühlen in Dithmarschen deutlich, da auch die Nachbardörfer Windmühlen hatten. Die in Kleinhastedt am Ortsausgang Richtung Frestedt errichtete Holländermühle wurde mehrfach den sich ändernden Gegebenheiten angepaßt. Als sich nach der Währungsreform von 1948 die Eßgewohnheiten änderten, nahm die Mühle mit Hilfe von modernen Schälmaschinen, Walzenstühlen und Plansichtern die Weizenmüllerei auf. 1961 ließ Müllermeister Theodor Friedrich die nicht mehr wirtschaftlich arbeitende Mühle 'Emanuel' abbrechen.

36. SÜDERHASTEDT

Dieses Foto aus den dreißiger Jahren zeigt den Zimmermeister Jürgen Hoop auf seinem Zimmerplatz in Süderhastedt mit einem Lehrling bei der Herstellung eines Jalousieflügels für die Windmühle 'Emanuel' in Kleinhastedt. An der Schmalseite des Flügels, dem Vorheck, werden gerade die Windbretter eingepaßt. Die Windbretter können ganz oder teilweise herausgenommen werden und die Flügel damit den Windverhältnissen angepaßt werden. Ab 1880 wurden Windmühlen in Schleswig-Holstein mehr und mehr von Segelflügel auf Jalousieflügel, auch Klappenflügel genannt, umgerüstet. Bei den Jalousieflügeln können die Klappen vom Erdboden oder von der Galerie mit Hilfe einer Kette, die oben an einer Schubstange befestigt ist, geöffnet oder geschlossen werden.

37. SÜDERHASTEDT

Auch dieses Foto entstand in den dreißiger Jahren. Es zeigt Ernst Hoop bei der Reparatur der Windrose der Windmühle 'Emanuel' in Kleinhastedt. Die Erfindung der Windrose wird dem Schotten Meikle zugeschrieben und soll auf das Jahr 1750 zurückgehen. Durch die Windrose werden die Flügel automatisch in den Wind gestellt. Die Windrosenblätter stehen im rechten Winkel zu den Flügeln. Ändert sich die Windrichtung, so werden die Windrosenblätter vom Wind angetrieben und beginnen sich zu drehen. Dadurch wird über ein Zahnkranz die Kappe gedreht und die Flügel werden in die neue Windrichtung gestellt. Windrosen haben in Schleswig-Holstein im allgemeinen acht Blätter. Vereinzelt gab es auch Windrosen mit anderer Blattzahl.

38. TRENNEWURTH

Im Jahre 1879 kaufte der Büsumer Julius Hinrich Michel Jürgens die Trennewurther Mühle und nahm sie am 1. Oktober 1880 in Betrieb. Der Mühle war eine Bäckerei angegliedert. Damit war die wirtschaftliche Existenz gegen die harte Konkurrenz der umliegenden Mühlen gesichert. Schrot und Mehl wurden noch weit bis in unser Jahrhundert hinein mit Pferd und Wagen zu den Kunden gebracht. Als zusätzlicher Erwerbszweig wurde 1959 der Handel mit Gemüse, vorwiegend nach Berlin, aufgenommen. Im Jahre 1972 brannte die in vierter Generation im Besitz der Familie Jürgens befindliche Windmühle 'Hoffnung' ab. An ihrer Stelle errichtete der Firmeninhaber Johann Jürgens Kühlhallen zur Kohllagerung.

39. ST. MICHAELISDONN

Ein besonders mühlenreiches Dorf war St. Michaelisdonn. Noch 1930 drehten in dem rund 2 000 Einwohner zählenden Dorf fünf Windmühlen ihre Flügel. Eine Sonderstellung nahm die Windmühle 'Erna' am Hoper Weg, heute Poststraße, ein. Sie war viel schlanker als die Holländermühlen üblicherweise und stand als sogenannte Dachmühle auf einem Gebäude. Johann Jürgens, Müllersohn von der Hoper Mühle, kaufte 1921 in Hennstedt eine Sägemühle. Er ließ die Mühle dort abbrechen und von dem Mühlenbauer Peter Friedrichsen aus Burg auf das Dach seines Hauses am Hoper Weg setzen und richtete sie als Kornmühle ein. Die Dachmühle übernahm später der Sohn Hans. Nachdem Hans Jürgens 1952 die Hoper Mühle käuflich erworben hatte, ließ er 1955 die Mühle am Hoper Weg abbrechen.

40. KUDEN

Die Windmüller waren ihren Mühlen, die vielfach über mehrere Generationen Wind und Wetter standhielten, besonders verbunden. Das fand seinen Ausdruck auf mancherlei Weise, zum Beispiel darin, daß die Mühlen Namen erhielten oder durch individuelle Farbgebung einzelner Mühlenteile. So leuchteten die Windrosenblätter der 1842 erbauten Kudener Mühle 'Hoffnung' in den schleswig-holsteinischen Landesfarben blau-weiß-rot. Noch in den sechziger Jahren mahlte die auf einem Geesthang errichtete Mühle des Müllers Jasper Holm mit Windkraft. Danach arbeitete Müller Holm mit Motorkraft, zuletzt nur noch zur Herstellung von Futtermitteln für die eigene Schweinemast. Im März 1975 ging die Mühle in Flammen auf.

41. BURG IN DITHMARSCHEN

Die Bedeutung der Windmühlen wurde früher auf vielfache Weise dokumentiert. So zeigt dieser während des Ersten Weltkrieges im Jahre 1916 vom Kirchspiel Burg ausgestellte Notgeldschein die Windmühle 'Aurora' auf dem 49 m hohen Mühlenberg. Neben der Mühlendarstellung steht in niederdeutsch: *Vun Moehlenbarg kannst Du kieken na Süd un Westen to, bet an de Elv ehr Dieken na Wilster, Itzehoe.* Die Windmühle auf dem Mühlenberg wurde um die Mitte des vorigen Jahrhunderts gebaut. Erster Besitzer war Dierk Kruse. 1874 ging die Mühle an Johann Friedrich Karstens und später an dessen Sohn Heinrich über. Um 1920 übernahm Bech die Mühle. Er ließ die Mühle abbauen und betrieb nur noch eine Motormühle.

42. HOHENASPE

Von diesem im Südwesten des Dorfes Hohenaspe errichteten Galerieholländer ist nur noch der gemauerte Unterbau vorhanden. Das Foto stammt aus den dreißiger Jahren und zeigt das charakteristische Bild vieler Windmühlen um diese Zeit: mit Dachpappe verkleideter Mühlenrumpf und Ausstattung der Mühle mit Windrose und Jalousieflügeln. Auf der Abbildung ist die Konstruktion der Flügel erkennbar. Je ein Flügelpaar besteht aus Rute, Hecken und Windbrettern. Die Rute ist hier, wie gewöhnlich, aus drei Teilen zusammengesetzt: einem Mittelteil, dem sogenannten Bruststück, das durch den Wellenkopf geht, und den beiden Scherfen. Diese drei Teile sind aneinandergesetzt und werden durch eiserne Splintbänder zusammengehalten.

43. ITZEHOE-EDENDORF

Die Windmühle in Itzehoe-Edendorf ähnelte dem Galerieholländer im benachbarten Hohenaspe. Auch die Windmühle in Edendorf hatte einen hohen, mit Dachpappe verkleideten Rumpf und war mit Windrose und Jalousieflügeln ausgestattet. Als diese Aufnahme in den dreißiger Jahren entstand, arbeitete die Mühle nur noch mit einer Rute. Manche Mühlen arbeiteten noch über Jahre mit nur einer Rute. Meistens war das aber der Anfang vom Ende der Windmühle, so auch in dem 1963 nach Itzehoe eingemeindeten Edendorf. Die Edendorfer Mühle wurde in den vierziger Jahren abgebrochen; Kappe und Windrose wurden auf die Mühle Hass in Süderhastedt gesetzt.

44. WILSTER

Auf eine 450jährige Geschichte blickt die Rumflether Mühle im Westen der Stadt Wilster zurück. Vier Wilstermarschbauern erhielten 1534 von König Christian III. die Erlaubnis, eine Kornwindmühle in Rumfleth zu errichten. In ihrer wechselvollen Geschichte wurde die Rumflether Mühle mehrmals durch Unwetter oder Feuer zerstört und wieder aufgebaut. Die jetzige Windmühle wurde errichtet, nachdem die Vorgängerin 1871 durch Blitzschlag ein Raub der Flammen geworden war. Seit 1885 ist der Galerieholländer im Besitz der Familie Martens, die mit der Müllerei noch heute ihren Lebensunterhalt verdient. Nach umfangreichen Instandsetzungsarbeiten in den Jahren 1983/84 ist der Erhalt der unter Denkmalschutz stehenden Windmühle weiterhin gesichert.

Aus der Marsch

45. KASENORT

Die zum Teil unter dem Meeresspiegel liegende Wilstermarsch wird überwiegend von der Wilsterau entwässert. Bei Kasenort mündet die Wilsterau über eine Schleuse in die große Störschleife. Die Schleuse bildet zugleich die Brücke über die Wilsterau. Hier in unmittelbarer Nähe stand Maiforts Mühle. Der Galeriehölländer hatte einen zweistöckigen gemauerten Unterbau und war mit Steert und Segelflügeln ausgestattet. In früherer Zeit war die Kasenorter Mühle eine königlich privilegierte Kornwindmühle. Zu dem Mühlenanwesen gehörte auch die Gastwirtschaft des Ortes, der nur wenige Häuser umfaßt. Anfang der zwanziger Jahre wurde die Windmühle abgebrochen.

46. WILSTERMARSCH

Ein Bild aus vergangenen Tagen: Entwässerungsmühle des Bauern Adolf Hein, Rehweg, an der Dwerfelder Wettern. Solche windbetriebenen Entwässerungsmühlen waren noch in den ersten Jahrzehnten dieses Jahrhunderts von größter Bedeutung. Sie hatten die Aufgabe, das Wasser aus den Niederungen in die Abzugskanäle (Wettern) zu fördern. Ausgerüstet waren die Mühlen mit einer Förderschnecke (archimedische Schraube), die in einem hölzernen Tunnel untergebracht war. Mit Hilfe der Förderschnecke 'mahlten' die Mühlen das Wasser in die Wettern. Auf der Abbildung ist der hölzerne Tunnel, in dem sich die Förderschnekke befand, erkennbar. Der untere Teil der Mühle war feststehend, das hölzerne Oberhaus konnte in den Wind gedreht werden.

47. WILSTERMARSCH

Das Werk ist vollbracht: eine fertiggestellte archimedische Schraube auf dem Zimmerplatz der Firma Sievers in Huje. Links im Bild sieht man Werner Sievers den jetzigen Firmeninhaber und daneben dessen Vater Johannes Sievers, rechts im Bild: der Zimmergeselle Heinrich Horns aus Krummendiek. Der Schraubengang bestand aus lauter aneinandergesetzten Holzbrettchen, die in dem Spindelschaft steckten. Durch Kammräder wurde die Kraft des Windes auf die Schraube übertragen, die das Wasser nach oben förderte. Unter der Mühle hindurch gelangte das Wasser in die Wettern.

48. WILSTERMARSCH

Diese Mühle gehörte dem Bauern Schütt aus Dwerfeld und stand an der Dwerfelder Wettern. Untrennbar verbunden mit der Entwässerung der Wilstermarsch ist der Name Holler. Johann Holler, am 28. November 1745 in Hollers Fährhaus in Hodorf geboren, hatte es nach der Zimmerlehre nach Holland verschlagen. Dort konnte er in wenigen Jahren wertvolle Berufserfahrungen und große Ersparnisse sammeln. 1770 gründete er am Kohlmarkt in Wilster eine eigene Zimmerei. Holler gebührt das Verdienst, die Schneckenmühlen in Holstein eingeführt zu haben. Schon im 16. und 17. Jahrhundert hatte es in der Wilstermarsch Entwässerungsmühlen mit großen Schaufelrädern gegeben. Sie arbeiteten aber sehr unrentabel, weil mehr als die Hälfte des geschöpften Wassers zurückfloß.

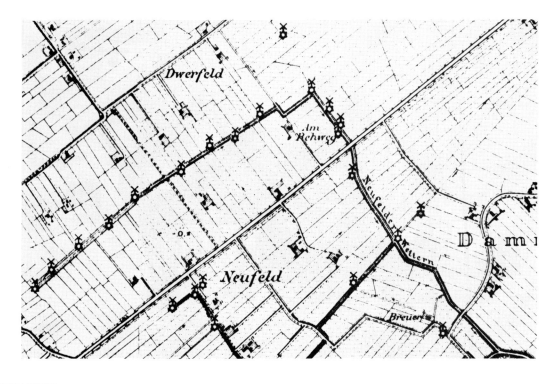

49. WILSTERMARSCH

(Ausschnitt aus der Topographischen Karte 1:25000 Blatt 2021 und 2022 der Königl. Preuss. Landes-Aufnahme 1878, herausgegeben 1880 – mit redaktionellen Änderungen des Verfassers.) Der Kartenausschnitt zeigt die Vielzahl der Entwässerungsmühlen an den nach den Ortsnamen benannten Wettern. Die Dwerfelder Wettern entwässerte in die Neufelder Wettern. Nahezu jeder Hof in der Wilstermarsch betrieb früher eine Entwässerungsmühle. Kleinere Höfe schlossen sich zusammen. Es durfte aber nicht nach Gutdünken geschöpft werden. An sogenannten Flutpfählen war eine Markierung angebracht, die zu beachten war. Gab der Flutpfahlmüller den Befehl zum Einstellen der Entwässerung, mußten die Mühlen ihren Betrieb einstellen.

Entwässerungsmühlen i. d. Mar...

50. WILSTERMARSCH

Zur Organisation der künstlichen Entwässerung der Wilstermarsch wurden Schleusenkommünen und Entwässerungsgenossenschaften gebildet. Um die Jahrhundertwende errichteten diese Zusammenschlüsse zahlreiche Schleusen und zentrale, mit Dampf betriebene Schöpfwerke. Daneben machte man sich aber auch die Weiterentwicklung im Stahlbau und in der Windkrafttechnik zunutze und errichtete eine Vielzahl moderner windkraftbetriebener Wasserpumpen, wie die hier abgebildeten der Firma Köster aus Heide. Solche Anlagen waren leistungsfähiger als die alten Schöpfmühlen und hatten zudem den Vorteil, daß sie sich selbsttätig in den Wind stellten. Dadurch entfiel das sonst notwendige Kroyen der alten Entwässerungsmühlen.

51. WILSTERMARSCH

Ein grundlegender Wandel in vielen Bereichen trat ein, nachdem am 21. Dezember 1929 die Schleswig-Holsteinische Stromversorgungs-Aktiengesellschaft – heute: Schleswag Aktiengesellschaft – gegründet worden war. Die Schleswag verfolgte mit ihrer Gründung das Ziel, eines Tages jeden Einwohner des Landes mit elektrischer Energie versorgen zu können. Da nun bald preiswert und unabhängig vom Wind elektrische Energie zur Verfügung stand, war das Ende der alten Windmühlen nicht mehr weit. Sie wurden ersetzt durch elektrisch betriebene Pumpen, die in einem kleinen Häuschen untergebracht wurden, wie hier auf dem Foto links neben der Windmühle. Die einzige in der Wilstermarsch noch vorhandene Entwässerungsmühle steht bei Honigfleth an der B 5.

52. NEUENBROOK

Im Jahre 1874 baute der Müllermeister Johann Hedde Friedrichs aus Windbergen für seinen Sohn Marten in Neuenbrook-Ost eine Holländermühle. Auf der Abbildung ist das Schmuckbrett mit der Jahreszahl 1874 und dem darüber befindlichen Namen 'Emma' zu erkennen. Die Mühlenbauer legten besonderen Wert auf die Formgebung des Schmuckbrettes. So konnte man vielfach schon von der Form des Schmuckbrettes ableiten, welcher Mühlenbauer die Mühle gebaut hatte. Die Mühle in Neuenbrook hatte zwei Schrotgänge, einen Mehlgang und einen Graupengang. 1957 stellte die Familie Friedrichs den Windbetrieb ein und verkaufte später das Mühlengebäude. Seit einigen Jahren hat die zu einer Wohnung ausgebaute Mühle wieder Flügel.

53. HORST

Das Kirchspiel Horst im Südosten des Kreises Steinburg gehörte früher zum Kloster Uetersen. Nach einem Vertrag mit dem Kloster im Jahre 1772 errichtete der Müller Diedrich Tiedemann von der Rantzauer Mühle in Horst eine Windmühle mit Wohnhaus. Die Mühle brannte 1775 durch Blitzschlag ab und wurde 1778 wieder aufgebaut. 1847 kam die Mühle in den Besitz von Hans Simon Mohr, der die Mühle 1863 auch auf Dampfbetrieb einrichtete. 1967 übernahm Horst Mohr die seit über 100 Jahren im Familienbesitz befindliche Horstmühle. Er begann sofort mit einer gründlichen Modernisierung der alten Mühle. Der Betrieb wurde voll elektrifiziert und um Getreideannahme, Getreidetrocknung und Siloanlage erweitert.

54. SOMMERLAND

Im Jahre 1852 erbaute Claus Bielefeldt aus Dückermühle an der Straße nach Siethwende eine Holländermühle. Bielefeldt erhielt zunächst keine Gerechtsame zum Mahlen von Getreide, da sich in Dückermühle noch eine Zwangsmühle befand. König Frederic VII. zu Dänemark erteilte ihm nur die Genehmigung, Gerberlohe zu mahlen. Im Oktober 1853 erhielt Bielefeldt auch die Gerechtsame zum Getreidemahlen. Nach der Jahrhundertwende reichte die Windkraft allein nicht mehr aus, um den gestiegenen Bedarf an Futtermitteln zu decken. 1910 wurde eine Dampfmaschine aufgestellt, die den Betrieb und die Nachbarn mit Strom versorgte. Nach dem Zweiten Weltkrieg brannte die über 100 Jahre im Besitz der Familie Bielefeldt befindliche Windmühle ab.

55. KLEIN KOLLMAR

Veränderte Lebensbedingungen und Lebensansprüche sowie der nicht aufzuhaltende technische Fortschritt führten in den ersten Jahrzehnten nach dem Zweiten Weltkrieg zur Stillegung fast aller Windmühlen. Dieses Los traf auch die Windmühle Haars im Ortsteil Langenbrook in der Gemeinde Klein Kollmar am Kreuzungspunkt der Bundesstraße 431 und der Straße von Klein Kollmar nach Siethwende. Die alte Windmühle mußte neuzeitlicher Mühlentechnik weichen. Nur ein auf dem Mühlenbetrieb von Hermann Haars aufgestellter Mahlstein erinnert an die alte Windmühle.

Langelo'er Mühle.

Stadtpark.

Kaltenweide.

Gruss aus Elmshorn.

56. ELMSHORN-LANGELOHE

Als um die Jahrhundertwende diese Fotos entstanden, war Langelohe noch selbständige Gemeinde am östlichen Stadtrand von Elmshorn. Das Foto oben links zeigt den Mühlenbetrieb der Firma I. & C. Schlüter in Langelohe. 1911 errichtete die Firma Schlüter am Südufer des Elmshorner Hafens einen Zweigbetrieb, der bald Hauptsitz des Unternehmens wurde. Nach Kriegszerstörung und Wiederaufbau ist dieses Werk heute Bestandteil der Firma Peter Kölln. Der Betrieb in Langelohe wird heute von der Flora Schälmühlen GmbH betrieben. Die Windmühle ist längst aus dem Stadtbild verschwunden.

57. RUGENBERGENER MÜHLE

Diese Abbildung der Rugenbergener Mühle entstand um 1900. Neben der Windmühle ist der Schornstein für eine Dampfmaschine erkennbar, die als Aushilfskraft diente. Im Jahre 1912 wurde auf Elektrizität umgestellt. Die Windmühle hatte 1887 Ludwig Peters gekauft. Mit der Lohnmüllerei war aber der erhoffte Gewinn nicht zu erzielen. Der Müller baute deshalb einen altdeutschen Backofen und backte mit Mehl aus der eigenen Mühle das Rugenbergener Landbrot. Über lange Zeit war die Windmühle das Wahrzeichen von Bönningstedt. Schließlich mußte aber auch diese Mühle dem Druck unserer technisierten Welt weichen. 1973 ließen die Besitzer Kurt und Hans Ludwig Peters die Mühle abbrechen. Sie war die letzte mahlende Windmühle im Kreis Pinneberg.

58. HOLM

Aus dem Jahre 1255 datiert die erste Nachricht von
dem im Südwesten des Kreises Pinneberg an der Bundesstraße 431 zwischen Elmshorn und Wedel gelegenen Dorf Holm. In dem Jahre bestätigten die holsteinischen Grafen Johann und Gerhard dem hamburgischen
Domkapitel die von Friedrich von Haseldorp geschehe-
ne Schenkung der Zehnten dieses Dorfes. Die Windmühle, seit ihrer Erbauung an der Wedeler Straße im
Besitz der Familie Stumpenhagen, brannte im Juni
1925 ab. Der Achtkant der Mühle war von flachgedeck-
ten Lagerräumen umbaut. Das flache Dach war mit einem Geländer umgeben und diente dem Müller als Ar-
beitsplattform zum Inbetriebsetzen und Abbremsen
der Mühle.

59. WEDEL

Umgeben von alten Bäumen und einem gepflegten Garten steht am Autal eine der schönsten Sehenswürdigkeiten von Wedel: die um die Mitte des vorigen Jahrhunderts errichtete Windmühle. Bereits 1731 war zusätzlich zur viel früher erbauten Wedeler Wassermühle eine Kornwindmühle errichtet worden. Sie wurde 1852 durch Blitzschlag zerstört und durch einen Neubau ersetzt. Die abgebildete Holländermühle war bis 1928 unter Müller Julius Heinsohn in Betrieb. Nach dem Zweiten Weltkrieg verfiel die Mühle. In den Jahren von 1964 bis 1974 baute die Tochter des Müllers mit ihrer Familie die Mühle zu einer Wohnung aus. Bei schönstem Spätsommerwetter erhielt die Mühle am 5. September 1981 wieder Flügel und erinnert nun in neuem Glanz an alte Zeit.

60. RICKLING

Auf das Jahr 1818 geht die Geschichte der Mühle in Rickling zurück. Aus diesem Jahr stammt ein Vertrag zwischen dem Herrn Obristen Graf Carl zu Rantzau und dessen Bruder, Herrn Kammerherr Graf Konrad zu Rantzau, einerseits sowie dem Müller Johann Friedrich Carstens andererseits über den Bau einer Windmühle auf dem Berg vor dem Ricklinger Damm. Carstens erbaute die Mühle und behielt sie bis 1859 in Besitz. 1931 erwarb Wilhelm Rehmke, der Vater des jetzigen Eigentümers Werner Rehmke, die Mühle. Ende der dreißiger Jahre büßte die Mühle die mächtigen Flügel ein. Nach dem Zweiten Weltkrieg stellte Werner Rehmke den Betrieb um auf die Herstellung hochwertigen Mischfutters und den Handel mit Saaten, Futter- und Düngemitteln.

61. HARTENHOLM

An der zur Schmalfelder Au fließenden Lindeloh staute man das Wasser zu einem Mühlenteich auf und legte eine Wassermühle an. Gründer der Mühle war Albrecht Tode. Zusätzlich errichtete man eine Windmühle und stellte später eine Dampfmaschine auf, da es der Wassermühle oft an Wasser mangelte. Die Mühle diente als Kornmühle und trieb außerdem ein Sägewerk. Albrecht Tode besaß wertvolle Ländereien und betrieb neben Kornmüllerei und Sägewerk noch Landwirtschaft, Karpfenzucht und eine großzügige Gastwirtschaft mit Saalbetrieb. Im Jahre 1898 brannte die Mühle fast vollständig ab. Die Windmühle wurde nicht wieder aufgebaut, der Betrieb aber weitergeführt.

62. BAD SEGEBERG

Als Besonderheit in Schleswig-Holsteins Mühlenlandlschaft galt früher die Mönchsmühle in Bad Segeberg mit ihren fünf Flügeln. Mühlen mit mehr als vier Flügeln waren in Schleswig-Holstein selten. Sie hatten gegenüber den Mühlen mit vier Flügeln den Nachteil, daß die Flügel in einer Rosette am Wellenkopf befestigt werden mußten, aus der sie sich leicht lösten. Bei vier Flügeln stecken zwei sich rechtwinklig kreuzende 'Bruststücke' in Aussparungen am Wellenkopf. Mit den 12 m langen Bruststücken werden die Flügel 6 m überlappt und mit eisernen Bändern befestigt. Nach Einstellung des Betriebes in Bad Segeberg wurde die flügellose Mühle 1958/ 59 zum Kreisjugendheim umgebaut.

63. SARAU

Das Dorf Sarau liegt im Nordosten des Kreises Segeberg, dort, wo das Kreisgebiet zungenförmig in den Kreis Ostholstein hineinragt. Das Gebiet wurde vor über tausend Jahren von den Wenden besiedelt, die das Dorf Sarowe nannten. Die abgebildete Windmühle, von einem üppigen Garten umgeben, stand auf dem Grundstück Ecke Sibliner Straße und Dorfstraße gegenüber dem heute noch vorhandenen Gasthaus 'Zur Mühle'. Zu dem Mühlenanwesen gehörte früher auch das Gasthaus sowie Bäckerei und Landwirtschaft. Später wurde der Betrieb geteilt. Die Windmühle brannte 1927 nieder. Es entstand danach eine Motormühle an der Plöner Straße. Auf dem Grundstück der ehemaligen Windmühle wurde um 1980 ein Einfamilienhaus errichtet.

64. LEEZEN

In der ersten Hälfte des vorigen Jahrhunderts entstand am südlichen Ortsrand an der heutigen Raiffeisenstraße ein Galerieholländer. Die Windmühle trug den Namen 'Concordia' nach der römischen Göttin der Eintracht. Mehrere Generationen kreisten die Flügel der Leezener Mühle im Wind. Wind und Wetter hinterließen jedoch im Laufe der Zeit ihre Spuren an der Mühle. Um 1930 waren nur noch zwei Flügel vorhanden und Ende der siebziger Jahre wurde die Mühle abgebrochen. Hebewerke, Mahlgänge sowie Reinigung und Haferquetsche verwendete der Bauingenieur, Maurer- und Zimmermeister Reinhard Leichert zur Ausstattung einer von ihm, aus gebrauchten Baustoffen und gebrauchten Mühlenteilen, in Husberg errichteten Windmühle.

65. KISDORF

In einer von Rauhreif überzogenen Winterlandschaft zeigt sich auf diesem Bild die Kisdorfer Mühle. 1843 hatte der Erbpachtmüller Georg Andreas Paustian in Kisdorf eine Windmühle errichtet, nachdem seine Mühle in Kampen abgebrannt war. Die Kisdorfer Mühle kam 1884 in den Besitz von Johann Friedrich Andersen. Als im Jahre 1888 Handwerker gerade angefangen hatten, Reparaturen auszuführen, wurde die Mühle vom Blitz getroffen und brannte ab. Bereits im nächsten Jahr baute J.F. Andersen unter großen Anstrengungen mit nur wenigen Handwerkern die abgebildete Windmühle. Auffallend sind die langgestreckten Lagerräume. In den sechziger Jahren wurde die bereits lange vorher flügellose Mühle abgebrochen. Der Betrieb wird noch heute als Landhandelsbetrieb geführt.

66. NORDERSTEDT (GARSTEDTER MÜHLE)

Die noch junge Stadt Norderstedt am nördlichen Stadtrand von Hamburg wurde 1970 im Zuge der Gebietsreform aus den bis dahin selbständigen Gemeinden Friedrichsgabe, Garstedt, Glashütte und Harksheide gebildet. Auf der höchsten Erhebung von Garstedt, dem Hogenfelde, ließ der Müller Meyer 1887 eine Windmühle errichten. Die Windmühle erhielt später als Aushilfsantrieb eine Dampfmaschine. Auf der Abbildung ist links neben der Mühle der hohe Schornstein erkennbar, der für den Bctrieb der Dampfmaschine notwendig war. In einer Dezembernacht des Jahres 1925 brannte die Windmühle ab. Zur Erinnerung an die Windmühle erhielt die dort errichtete Wohnsiedlung den Namen 'Möhlenbarg'.

67. NORDERSTEDT (GLASHÜTTER MÜHLE)

Auf der Tangstedter Heide ließ 1851 der Mühlenbesitzer C.C. Seydel eine 1842 in Tangstedt abgebrochene Windmühle errichten. Der Ort Tangstedter Heide durfte nach mehreren Eingaben seiner Bürger, aufgrund einer königlich preußischen Kabinettsorder, 1896 den Namen Glashütte annehmen. Die Windmühle, ursprünglich mit Segelflügeln und Steert errichtet, erhielt bereits 1866 Jalousieflügel und war zur damaligen Zeit eine der modernsten Windmühlen in der Umgebung. 1877 wurde die Mühle mit einer Windrose ausgerüstet. Nach dem Umbau gab es ein großes Mühlenfest. Am 7. November 1931 brannte die Mühle ab. Auf der Tangstedter Heide wurde vorwiegend Roggen, Hafer und Buchweizen angebaut.

68. BARGFELD-STEGEN

Schon weit vor dem Zweiten Weltkrieg war die Windmühle in Bargfeld-Stegen arg mitgenommen, wie dieses Bild aus den dreißiger Jahren zeigt. Die Windmühle gehörte ursprünglich zusammen mit einer Wassermühle zum Gut Gräberkate. Den Gräberkater Mühlen waren die Einwohner der Güter Jersbek und Stegen zwangsverpflichtet bis 1854 per Gesetz der Mühlenzwang aufgehoben wurde. Letzter Pächter der Mühlen (von 1885 bis 1925) war Johannes Schröder. 1925 wurden die beiden Mühlen an den damaligen Besitzer des Hofes Gräberkate Erich Heine verkauft. Nach 1945 wurde die Mühle abgebrochen.

Mühle Hoisbüttel

69. HOISBÜTTEL

Hoisbüttel im Westen des Kreises Stormarn an der Bundesstraße 434 gelegen, wird erstmals 1262 urkundlich als Hoyersbutle erwähnt. Bis 1926 bestand Hoisbüttel aus zwei selbständigen Gemeinden, dem Amtsanteil und dem Gutsanteil. Am 1. Januar 1978 wurde die Gemeinde Ammersbek aus den Gemeinden Bünningstedt und Hoisbüttel gebildet. Hoisbüttel hat sich Jahrhunderte seinen rein landwirtschaftlichen Charakter erhalten. Erst nach 1965 hat sich Hoisbüttel mehr und mehr zu einem Gemeinwesen mit überwiegender Wohnfunktion im Hamburger Umland entwickelt. Ein besonderer Blickfang in dem einst landwirtschaftlich geprägten Ort war die Windmühle. Im Jahre 1948 wurde der Galerieholländer abgebrochen.

70. TANGSTEDT
Nachdem im Jahre 1842 die Tangstedter Mühle abgebrochen und 1851 in Glashütte wieder aufgebaut worden war, wurde auch in Tangstedt im Jahre 1851 eine neue Windmühle errichtet. Sie stand im Tangstedter Gutsbezirk und war zuletzt im Eigentum von Georg Riebling. 1926 wurde die Windmühle abgebrochen. In einem Wandgemälde im Restaurant 'Tangstedter Mühle' lebt die Windmühle fort.

71. SCHÖNNINGSTEDT (STADT REINBEK)

Vor mehr als 750 Jahren trat Schönningstedt in das Licht der Geschichte. In einer 1224 ausgestellten Schenkungsurkunde wird der Ort als Sconingstede erstmals erwähnt. Auf der höchsten Erhebung der Umgebung wurde 1866 die Holländermühle erbaut. Sie mahlte jahrzehntelang das Korn der Bauern zu Schrot und Mehl und wurde nach dem Zweiten Weltkrieg in das Wappen der Gemeinde aufgenommen. Längst stehen die Flügel still, aber die Mühle zählt zu den letzten im Kreis Stormarn erhaltenen Windmühlen. Die Gemeinde Schönningstedt wurde 1974 in die Stadt Reinbek eingemeindet.

72. KASTORF

Kastorf, 1286 erstmals urkundlich erwähnt, liegt verkehrsgünstig an den Straßen Bad Oldesloe-Ratzeburg und Lübeck-Hamburg. Das Dorf gehörte früher zum Allodialgut Kastorf, dessen Anfänge spätestens um 1250 angenommen werden. Um 1800 gehörten zum Gut neben einer Wassermühle auch eine an der Chaussee nach Bliestorf neu erbaute Windmühle. Die Mühlen waren in Erbpacht vergeben. Erbpächter war in der zweiten Hälfte des vorigen Jahrhunderts der 1833 im Mecklenburgischen geborene Müller Carl Heinrich Ludwig Köpcke. Um 1930 wurde Gut Kastorf in Siedlerstellen aufgeteilt. Die Windmühle war zu der Zeit bereits abgebrochen worden.

73. GROSS BODEN

Aus dem Jahre 1310 datiert die erste urkundliche Er-
wähnung einer Mühle in dem Dorf Rykenhaghen, das
später Riekenhagen geschrieben wird. Auf der Flur
dieses untergegangenen Dorfes liegt Groß Boden.
Dort befindet sich am Abfluß des Mühlenteiches das
heute als Wohnung genutzte Gebäude der früheren Bo-
dener Wassermühle. Da die Wassermühle besonders in
den Sommermonaten oft unter Wassermangel litt, errichtete in ihrer Nähe das Amt Steinhorst 1821-1823 zusätzlich eine Windmühle. Im Jahre 1893 kamen die
Mühlen in den Besitz der Familie Dohrendorf/Fürsten-
berg. Bis 1947 arbeitete die Windmühle mit Windkraft,
zuletzt nur noch mit zwei Flügeln. 1970 wurde der Betrieb eingestellt. Der jetzige Eigentümer nutzt die ehemalige Windmühle als Wohnung.

74. WENTORF BEI HAMBURG

Wentorf, bis um 1900 ein reines Bauerndorf, entwickelte sich nach der Jahrhundertwende mehr und mehr zu einem Ort mit städtischem Charakter. Die Holländermühle errichtete 1873 der aus Mecklenburg stammende Müller August Höppner. Als Bauplatz hatte ihm der Hufner Heinrich Schmidt von seiner an der Bergedorfer Chaussee gelegenen Koppel 'Kattenhoop' zwei Morgen Land verkauft. 1875 kaufte Höppner gegenüber der Mühle einen Bauplatz. Er baute dort ein Wohnhaus und eine Bäckerei und nahm den Handel mit Getreide, Mühlenprodukten und Lebensmitteln auf. 1895 verkaufte Höppner den Besitz an seinen Geschäftsführer Heinrich Manow und den Kaufmann Albert Meyer. Die Veränderungen nach dem Zweiten Weltkrieg führten 1962 zum Abbruch der Windmühle.

75. DASSENDORF

In einem uralten Siedlungsgebiet am Rande des Sachsenwaldes wurde 1873 südlich der Chaussee von Hamburg-Bergedorf nach Schwarzenbek im Osten von Dassendorf der abgebildete Galerieholländer errichtet. Gerade erst 24 Jahre alt war der 1868 geborene Müller Joh. Kiehn als er die Mühle erwarb. Joh. Kiehn hatte von 1883 bis 1886 bei Müller Wilken, dem damaligen Pächter der Aumühle, das Müllerhandwerk erlernt. Während dieser Zeit besuchte Fürst Bismarck bei Spaziergängen auf seinem Besitztum oft die Aumühle und unterhielt sich auch öfter mit dem Müllerlehrling Kiehn. Die Dassendorfer Windmühle brannte 1925 ab und wurde durch eine Motormühle ersetzt. 1956 übergab Joh. Kiehn die damals moderne Roggen- und Weizenmühle an seinen Sohn Alfred Kiehn.

76. KOGELER MÜHLE

In reizvoller Landschaft des Kreises Herzogtum Lauenburg steht etwa 8 km südlich von Ratzeburg an der Straße nach Seedorf die Kogeler Mühle. Schon vor über 200 Jahren gründete hier 1782 der Müllermeister Hinrich Kofahl einen Mühlenbetrieb. Seit dieser Zeit befindet sich der Betrieb von Generation zu Generation im Besitz der Familie Kofahl. Um 1800 wurde der Mühle eine Bäckerei angeschlossen, die 1955 mit einem Dampfbackofen mit Ölfeuerung modernisiert wurde. Die jetzige Windmühle, 1894 errichtet und später mit Ventikanten ausgerüstet, erhielt 1955 eine neue Kappe und ein neues Kreuz. Seit den siebziger Jahren wird der einzige im Kreis Herzogtum Lauenburg noch erhaltene Erdholländer als Wohnung genutzt.

77. KULPIN

Umgeben von Feldern und Wiesen liegt im Naturpark Lauenburgische Seen das Dorf Kulpin nordwestlich von Ratzeburg in der Nähe der Alten Salzstraße. Das Dorf gehörte vormals zum Gut Kulpin, welches schon 1229 erwähnt wird. Die als Erdholländer errichtete Windmühle stand am südöstlichen Ortsrand. Der aus Ziegeln gemauerte Unterbau und der leicht geschwungene achteckige Rumpf sind Baumerkmale wie sie bei den meisten Holländermühlen in Schleswig-Holstein zu finden waren. An den Eckpunkten des Unterbaues war das Mauerwerk durch Pfeilervorlagen verstärkt. Am 27. Juni 1957 brannte die Mühle nieder.

78. LÜBECK (BRÖMBSENMÜHLE)

Die abgebildete Windmühle stammt aus der ersten Hälfte des 19. Jahrhunderts. Sie wurde südlich des Krummesser Hofes am Rande einer Koppel in der Nähe der viel früher erbauten Wassermühle errichtet. Schon im 14. Jahrhundert ist die Wassermühle nachweisbar. Sie kam in den Besitz der Lübecker Patrizierfamilie von Brömbsen und wurde 1762 mit dem Hof Krummesse lübscher Staatsbesitz. Die Windmühle diente lange Zeit als Lagerraum, nachdem der Mahlbetrieb eingestellt worden war. Im April 1973 wurde das vom Zahn der Zeit schon stark angegriffene Gebäude durch ein Feuer weiter beschädigt. Die Reetverkleidung brannte vollständig nieder. Verblieben ist eine heute noch vorhandene Mühlenruine.

Schlutup.

79. LÜBECK-SCHLUTUP

Das ehemalige Dorf Schlutup, etwa 10 km nördlich der heutigen Lübecker Altstadt am rechtsseitigen Trave-ufer an der nach Schönberg in Mecklenburg führenden Chaussee gelegen, wird 1225 erstmals urkundlich er-wähnt. 1913 wurde Schlutup in die Stadt Lübeck eingemeindet. Das Ortsbild des heutigen Industriestadtteils ist auch jetzt noch gekennzeichnet von Bauten des ehemaligen Fischerortes. In Lübeck-Schlutup war die älteste Fischindustrie in Deutschland und die bedeutendste an der Ostseeküste beheimatet. Die seit etwa 1920 ver-schwundene Windmühle stand auf dem Gogenbarg, dort, wo Mühlenteich und Schlutuper Wiek die Mecklen-burger Straße paßförmig verengen. An die Windmühle erinnern noch der 'Mühlenweg' und die Gastwirtschaft 'Zur Mühle', die schon im vorigen Jahrhundert bestand.

80. LÜBECK (FINKENBERGER MÜHLE)

Im Jahre 1871 übernahm der Müllermeister August Brede die auf dem Hof des Grundstücks Ecke Moislinger Allee 116 und Tulpenweg errichtete Finkenberger Mühle. Ihren Namen erhielt die Mühle nach einer hier vorhandenen leichten Anhöhe, dem Finkenberg. Zur Mühle gehörten eine Bäckerei und eine Koppel für eine Kuh und zwei Pferde. Von August Brede ging die Mühle auf dessen Sohn Bruno über, der 1910 die Prüfung als Bäckermeister abgelegt hatte. Am 23. Juli 1923 brannte die Windmühle ab. Das war für den Besitzer Bruno Brede ein schwerer Verlust, denn in der damaligen Inflation erhielt er nur eine geringe Entschädigung. Bis Ende der zwanziger Jahre mahlte Bruno Brede noch mit einer Elektromühle in einem vorhandenen Schuppen.

81. LÜBECK (FINKENBERGER MÜHLE)

Zahlreiche Windmühlen in Schleswig-Holstein waren mit einer Bäckerei verbunden, so auch die Finkenberger Mühle in Lübeck. Die Abbildung zeigt Vater und Sohn Brede auf dem Brotwagen, mit dem das beliebte Finkenberger Landbrot zur Kundschaft gebracht wurde. In alten Unterlagen über die frühere Zeit sind folgende Preise von 1910 für Backwaren angegeben: 2 500 g Grobbrot 50 Pfg, 1 000 g Feinbrot 50 Pfg, sieben Brötchen 10 Pfg. Im Jahre 1938 hatte der alte Brotwagen ausgedient, es wurde das erste Auto angeschafft. Um 1962 waren in der Brot- und Weißbäckerei zehn Personen beschäftigt. Anfang der siebziger Jahre wurde das alte Müllerhaus abgebrochen und durch einen Neubau mit Bäckerladen und Wohnungen ersetzt.

82. LÜBECK-GROSS STEINRADE

Einer lodernden Fackel glich die am späten Abend des 22. März 1971 in Brand geratene Windmühle in dem seit 1970 zu Lübeck gehörenden Ortsteil Groß Steinrade. Schon nach kurzer Zeit waren von der ganz in Holzkonstruktion errichteten Windmühle nur noch rauchende Trümmer übrig. Auch ihre Vorgängerin, eine Bockwindmühle, wurde einst ein Raub der Flammen. Das war im Jahre 1830. Die danach erbaute Holländermühle, zu der auch eine Bäckerei gehörte, hatte einen Roggenmehlgang und zwei Schrotgänge und kam Anfang der zwanziger Jahre in den Besitz der Familie Bielfeldt. 1935 legte Wilhelm Bielfeldt die Mühle still, baute die Gänge aus und nutzte das Gebäude nur noch als Lagerraum, nachdem er neben der Bäckerei eine neuzeitliche Mühle eingerichtet hatte.

83. LÜBECK-TRAVEMÜNDE (RÖNNAUER MÜHLE)

Auf einer leichten Anhöhe erhebt sich die Rönnauer Mühle am Rande des Ostseebades Travemünde. Schon vor Jahrhunderten gab es hier eine Wassermühle, die aber aus einem kleinen Teich immer nur für kurze Zeit gespeist werden konnte. Der Müller ließ deshalb um 1840 eine Windmühle errichten. Bis in die dreißiger Jahre hinein arbeitete die Mühle vor Wind, danach mit Strom. Später wurde der Betrieb eingestellt und die Mühle verfiel. Im Jahre 1969 kaufte der Hamburger Antiquitätenhändler Eduard Brinkama die Mühle. Er ließ die Flügel, die Galerie und die Reeteindeckung erneuern und richtete in dem historischen Bauwerk zwei Wohnungen ein. Im Oktober 1986 erlitt die im Besitz von Lutz Schumann befindliche Mühle durch einen Großbrand schweren Schaden.

84. GLESCHENDORF

Eine in Schleswig-Holstein wenig verbreitete Form hatte die Kappe der Holländermühle in dem Ort Gleschendorf, dessen Mühlengeschichte weit zurückreicht. Schon 1354 wird in Gleschendorf eine Wassermühle erwähnt. Sie stand an der Schwartau Ecke Bahnhofstraße und Fünfhausen, dort, wo sich jetzt die Mühlenbäckerei Möller befindet. Die Wassermühle und das Müllerhaus brannten im Jahre 1900 ab. Der Besitzer baute das Wohnhaus wieder auf und richtete darin eine Bäckerei ein. Um grobes Mehl zur Verfügung zu haben und am Schrothandel teilhaben zu können, errichtete er in der Nähe der Bäckerei den abgebildeten Erdholländer. Der Windmühle war aber nur eine kurze Lebensdauer beschieden. Sie wurde um die Zeit des Zweiten Weltkrieges abgebrochen.

85. POHNSDORF

Als wichtige Landmarke für die Schiffe in der Lübecker Bucht galt lange Zeit die Pohnsdorfer Windmühle in Verbindung mit dem Turm auf dem Gömnitzer Berg. Bis zur Aufhebung des Mühlenzwangs in der Mitte des vorigen Jahrhunderts war die Pohnsdorfer Mühle Zwangsmühle für die Einwohner des adligen Gutes Övelgönne. Mit einem Erbpachtkontrakt vom 16. März 1778 verpachtete Graf Friedrich Otto von Dernath, Gutsherr auf Hasselburg und Övelgönne, die neu erbaute Pohnsdorfer Holländische Korn- und Graupenmühle an den Müller Hinrich Harms. Nach häufigerem Besitzerwechsel kam die Mühle 1876 in den Besitz der Familie Voigt. Während eines starken Gewitters wurde die Windmühle am 27. Juli 1927 durch Blitzschlag zerstört.

86. GIESSELRADE

Nach Osten und Süden weithin sichtbar stand auf dem 76 m hohen Windmühlenberg die Gießelrader Mühle. Im Jahre 1821 hatte der Bauer Hans Peter Heyn, Bauervogt der Dorfschaft Gießelrade, an die Großherzogliche Regierung in Eutin einen Antrag auf Erlaubnis zum Bau einer Windmühle gerichtet. Der Bau wurde genehmigt und die an den Landesherrn zu zahlende Steuer mit 10 Reichstalern niedrig gehalten, da Gießelrade, damals noch Enklave der Lübecker Geistlichkeit im Amt Ahrensbök, keine eigene Mühle hatte und die Bewohner des Dorfes auch keiner benachbarten Zwangsmühle zugeteilt waren. Bis 1925 war die Mühle in Betrieb und diente danach als Lagerraum. 1946 wurde die Mühle abgebrochen und das Baumaterial verwendet, um Unterkünfte für die vielen Flüchtlinge zu schaffen.

87. EUTIN

Eutin, Kreisstadt und kultureller Mittelpunkt des heutigen Kreises Ostholstein, war einst Residenzstadt mit dem Ruf 'Weimar des Nordens'. Die Abbildung aus den zwanziger Jahren zeigt einen Blick vom Wasserturm an der Ecke Wilhelmstraße und Bismarckstraße auf die Wiesesche Windmühle. Der Wasserturm dient gleichzeitig als Aussichtsturm. Von hier hat man einen herrlichen Blick auf die Rosenstadt Eutin und die Hügellandschaft der Holsteinischen Schweiz. Die Windmühle brannte 1926 ab. Danach kaufte der Gau Nordmark des Deutschen Jugendherbergwerks das Mühlengelände und errichtete darauf eine Jugendherberge, die 1929 eingeweiht wurde. Der 'Mühlenberg' erhielt 1928 die Bezeichnung 'Jahnhöhe'.

88. WASBUCK

Etwa auf halbem Weg zwischen Döhnsdorf und Wasbuck stand im Nordwesten des Kreises Ostholstein die bis 1970 vorhandene Wasbucker Mühle, die der dort vorhandenen Häusergruppe auch den Namen Wasbukkermühle gab. Die Windmühle wurde in der ersten Hälfte des vorigen Jahrhunderts als Erdholländer errichtet. Der untere abgesetzte Teil des Achtkants war geschoßhoch und mit senkrechter Brettschalung verkleidet, eine Bauweise wie sie in Ostholstein und im Raum Stormarn-Lauenburg häufiger zu finden war. Auf der Abbildung ist die Umzäunung zu erkennen, die die Mühle umgab, um Menschen und Tiere vor den fast bis auf den Erdboden reichenden Flügeln zu schützen.

89. JOHANNISDORF

Schleswig-Holstein, durch seine Lage zwischen Nord- und Ostsee mit Wind reichlich gesegnet, gilt geradezu als ein klassisches Windmühlenland. Deshalb ist auch nur wenig bekannt, daß es in Schleswig-Holstein in alter Zeit zahlreiche Wassermühlen gab. Sie lagen an kleinen Bächen, deren Wasser man zu Mühlenteichen zum Antrieb von Wasserrädern aufstaute. Dennoch hatten manche dieser Wassermühlen häufiger unter Wassermangel zu leiden und so errichtete man in zahlreichen Fällen zusätzlich zur Wassermühle später eine Windmühle, wie zum Beispiel in Johannisdorf, südwestlich von Oldenburg. Der nicht mehr vorhandene Erdholländer hatte Segelflügel. Das für die Segelbespannung notwendige Gitterwerk aus Längs- und Querlatten ist auf dem Foto erkennbar.

90. FARVE

Zwischen Anhöhen liegt im Tal der Wanderaue etwa 7 km westlich von Oldenburg nahe der Bundesstraße 202 nach Lütjenburg das adlige Gut Farve. Das in Ziegelbauweise errichtete Gutshaus ist eines der besterhaltenen Herrenhäuser in Ostholstein. Zum Gut gehörten früher verschiedene Gewerke, wie Schmiede, Stellmacherei und eine Wassermühle. Anstelle der Wassermühle wurde 1828 eine Windmühle auf einer Anhöhe nahe dem Hof errichtet. Die Windmühle erhielt in den dreißiger Jahren Ventikanten. Heute hat der reetgedeckte Erdholländer wieder herkömmliche Flügel mit Gitterwerk. Einen besonders reizvollen Anblick bietet die auf einer Anhöhe stehende Mühle wenn sie ringsum von blühendem Raps umgeben ist, oder wenn sie eine Schneelandschaft überrragt.

91. KRÖSS

Nördlich des Dorfes Kröß, das seit 1935 zu Oldenburg gehört, wurde um 1882 ein Erdholländer errichtet. Die Abbildung aus alter Zeit zeigt die Mühle in ihrer landschaftsgebundenen Bauweise: geschoßhoher, aus Ziegeln gemauerter Unterbau und Eindeckung mit Reet. Charakteristisch ist auch die Ausstattung mit Jalousieflügeln und Windrose, die der Windmühlentechnik des ausgehenden 19. Jahrhunderts entsprach. Die Jalousieflügel wurden später durch leistungsfähigere Ventikantenflügel mit verstellbarer Knickung ersetzt. Im Jahre 1949 brannte die Mühle in Kröß ab. Die Ventikantenflügel kamen zur Mühle nach Landkirchen auf Fehmarn und drehten sich dort noch in den sechziger Jahren.

Tornau

92. LEMKENHAFEN AUF FEHMARN

Mit Musik und Tanz und einer denkwürdigen Feier beging der Heimat- und Museumsverein am 2. Oktober 1987 den 200. Geburtstag der Windmühle 'Jachen Flünk' in Lemkenhafen. 1787 hatte der Kornhändler und Reeder Joachim Rahlff den Galerieholländer als Grützmühle erbaut. Es waren damals glänzende Zeiten für die Müllerei auf Fehmarn. Große Mengen Gerste und Weizen wurden zu Grütze und Graupen verarbeitet. Rund um die Uhr arbeiteten Meister und Gesellen, und mit eigenen Schiffen wurde das Mahlgut bis nach Schweden, Norwegen und Finnland exportiert. Bis 1954 drehten sich die zwölf Meter langen Segelflügel der mit Holzschindeln verkleidcten Windmühle. Seit 1961 befindet sich in der funktionsfähigen Mühle ein Mühlen- und Landwirtschaftsmuseum.

93. ORTH AUF FEHMARN

Ein wahres Windmühlen-Dorado war die zwischen Sund und Belt gelegene Insel Fehmarn. Auf der windreichen Ostseeinsel mit ihren fruchtbaren Böden drehten nach dem Zweiten Weltkrieg noch 14 Mühlen ihre Flügel. Heute gibt es auf der grünen, zur Zeit der Rapsblüte Ende Mai in leuchtendes Gelb getauchten Insel im blauen Meer nur noch drei Windmühlen. Die erste Windmühle in Orth wurde 1830 für sogenanntes Seekorn errichtet. Seekorn war zur Ausfuhr bestimmt und unterlag nicht dem Mühlenzwang, sondern konnte nach altem Recht frei vermahlen werden. Nachdem die Mühle um 1875 abgebrannt war, errichtete Christian Friedrich Serk 1877 eine neue Windmühle. Auch diese Mühle wurde durch Feuer zerstört. Das war im Jahre 1926.

94. WATERNEVERSDORF

Nur durch eine schmale Landzunge von der Ostsee getrennt liegt der Große Binnensee. Im Nordosten des Sees befindet sich in reizvoller Umgebung nahe der Straße Lütjenburg-Behrensdorf das adlige Gut Waterneversdorf. Im Jahre 1805 ließ die Gutsherrschaft westlich vom Haupthof einen reetgedeckten Galerieholländer mit einem gemauerten Unterbau errichten. Die Windmühle wurde vom Gut in Zeitpacht gegeben. Um 1935 geriet die Mühle durch Blitzschlag in Brand und wurde völlig zerstört. Ein schwerer Verlust traf das Gut auch 1965 als infolge eines technischen Fehlers alle alten Hofgebäude niederbrannten und damit für die Schönheit des Gutshofes wertvolle Bausubstanz verlorenging.

95. WAHLSTORF

Unweit vom Südufer des Lanker Sees liegt die Gutshof-
anlage des adligen Gutes Wahlstorf. Von bemerkens-
werter Schönheit ist das Herrenhaus. Es steht auf einer
kleinen Burginsel, die von zwei Armen der Schwentine
umflossen wird. Die Holländermühle errichtete das
Gut im Jahre 1880 als Ersatz für eine durch Blitzschlag
vernichtete Bockmühle. Der Rumpf der Holländermühle war mit Holzschindeln eingedeckt, die aber später mit Dachpappe verkleidet wurden, da Ersatz für
schadhaft gewordene Schindeln nicht zu bekommen
war. Bis 1979 arbeitete die Mühle vor Wind. Während
eines Gewitters geriet die Mühle 1982 in Brand und
wurde vernichtet. Ein Jahr später brannte auch das
Müllerhaus durch Blitzschlag ab.

96. LEBRADE

Die Windmühle in Lebrade hatte einen auffallend steilen Rumpf. In Schleswig-Holstein haben die Holländermühlen im allgemeinen einen achteckigen Rumpf, der sich nach oben stark verjüngt. Diese Wirkung wird noch dadurch betont, daß die Schrägung des Rumpfes am unteren Ende durch Aufschieblinge abgeflacht wird. Die Lebrader Mühle wurde 1850 an der Straße von Lebrade nach Grebin errichtet. Sie war in Pommern angekauft worden und wurde auf dem Lebrader Mühlenberg als Ersatz für eine ältere, durch Brand zerstörte Windmühle wieder aufgebaut. Die abgebildete Mühle hatte einen Schrotgang, einen Roggengang und einen Mehlgang, einen sogenannten Franzosen. Die Lebrader Mühle wurde 1974 stillgelegt und besteht nur noch aus einem behelfsmäßig mit Dachpappe verkleidetem Stumpf.

97. LEPAHN

Ein herrliches Geburtstagsgeschenk erhielt die Windmühle in Lepahn im August 1985. Zu ihrem 100. Geburtstag bekam die Mühle wieder Flügel. Im Jahre 1885 hatte das adlige Gut Lehmkuhlen die Holländermühle anstelle einer älteren Bockmühle auf dem Hoffeld westlich des Dorfes Lepahn errichten lassen. Die Mühle war zunächst Pachtmühle des Gutes und kam erst 1951 durch Kauf in das Eigentum des damaligen Pächters Wilhelm Petersen. 1960 setzte sich Müllermeister Petersen zur Ruhe und ließ die Flügel abbauen. Ein Antrag auf öffentliche Mittel für die Instandhaltung des Bauwerks wurde nicht befürwortet. Die Mühle wurde deshalb 1977 verkauft und danach zu einer Wohnung ausgebaut. Auffallend ist bei dieser Mühle das Schutzgeländer, das die Kappe umgibt.

98. FAHREN

Am Nordufer des rund 280 Hektar großen Passader Sees liegt das Dorf Fahren, schon 1240 als Warnow erwähnt und im 14. Jahrhundert an das Preetzer Kloster verkauft. Hier in der Probstei werden auch heute noch Volkstum und besonders schöne Trachten gepflegt. Aber auch in der Landwirtschaft hat die Probstei einen klangvollen Namen. Der Probsteier Bauer Adam Schneekloth (1744-1812) aus Barsbek gilt als Erfinder der Mergeldüngung. Die Fahrener Mühle stand in nordöstlicher Richtung abseits des Dorfes. Die Flur heißt auch heute noch Fahrenermühle. Als der Müller Wilhelm Schäfer bei Anstricharbeiten an der Mühle abstürzte und körperliche Schäden davontrug, sah er sich 1956 gezwungen, die Mühle stillzulegen. Bald danach wurde die Mühle abgebrochen, weil die Instandhaltungskosten zu hoch waren.

99. KROKAU

Zu den traditionsreichsten Bauernlandschaften Schleswig-Holsteins zählt die im Norden des Kreises Plön an Kieler Förde und Ostsee angrenzende Probstei, früher zum Kloster Preetz gehörig. Unmittelbar an der Straße von Heikendorf nach Schönberg errichtete 1872 der Mühlenbauer Jensen aus Mehlby die Krokauer Mühle. Nach neunzig Jahren unermüdlicher Tätigkeit wurde die Mühle im verheerenden Februarsturm von 1962 schwer beschädigt. Die Mühle wurde bald danach stillgelegt und verfiel. 1986 begann der Verein zur Erhaltung der Probsteier Windmühlen mit der Restaurierung der Mühle. Als erstes erhielt der unter Denkmalschutz gestellte Erdholländer eine neue Schieferdekkung. Neue Flügel und Windrose sowie eine Instandsetzung des Mahlwerks sollen folgen.

100. STAKENDORF

Nur 3 km vom Ostseestrand entfernt liegt der schon 1286 als Stakenthorpe erwähnte Ort Stakendorf. Die Windmühle wurde 1864 östlich des Dorfes an der Straße nach Krummbek errichtet. 1863 hatte der damalige Pächter der Hohenfelder Wassermühle Müllermeister Schlünsen die ursprünglich zum Gut Hohenfelde gehörende Holländermühle gekauft. Er ließ die in Hohenfelde unrentabel gewordene Windmühle abbrechen und in Stakendorf wieder aufbauen. Schon nach wenigen Jahren kam die Mühle in den Besitz der Müllerfamilie Möller, die die Mühle drei Generationen in Betrieb hielt. 1950 wurde die bereits flügellose Mühle verkauft und nach mehrmaligem Besitzerwechsel zu einer Wohnung ausgebaut.

101. NEUMÜNSTER-TUNGENDORF

Das Gebiet der Stadt Neumünster wurde durch Eingemeindungen 1938 und 1970 wesentlich erweitert. Als 1938 ein Teil der Gemeinde Tungendorf eingegliedert wurde, kam auch die Tungendorfer Mühle zu Neumünster. Die Windmühle war in den sechziger Jahren des vorigen Jahrhunderts von einem Müller Wulf auf dem heutigen Grundstück Kieler Straße 204 errichtet worden. 1893 übernahm Emil Langmaack die Mühle. Zur Mühle gehörte auch der benachbarte, heute nicht mehr vorhandene 'Schützenhof'. 1935 ging die Mühle an den im Krieg gefallenen Rudolf Langmaack über. Bei einem Bombenangriff wurde die Mühle am 25. Oktober 1944 zerstört. Heute betreibt Frau G. Langmaack auf dem Anwesen einen Kleinhandel und versorgt zahlreiche treue Kunden.

102. KIEL (DEMÜHLEN)

Bereits im 18. Jahrhundert gab es in Demühlen neben der Wassermühle eine Bockwindmühle. Die Bauern des Amtes Kronshagen aus Russee, Hassee, Ottendorf, Suchsdorf und Wik durften nur in Demühlen ihr Korn mahlen lassen. Während des Mahlvorgangs blieben die Bauern auf dem Mühlenhof, zu dem auch eine Schankwirtschaft gehörte. Der Müller besaß die Krug-, Brau- und Brenngerechtigkeit. Anstelle der Bockmühle errichtete 1862 der Mühlenbauer Johann Hinrich Matz aus Osdorf im Auftrag des Müllers Carl Johann Friedrich Kühl einen Galerieholländer. Demühlen wurde 1867 der Gemeinde Hassee zugeteilt. 1920 ließ der damalige Mühlenbesitzer Johannes Albrecht Bielenberg die Mühle abbrechen und verkaufte sie zum Wiederaufbau nach Laboe.

103. KIEL-WIK

Dort, wo 1986/87 im Bereich des Mühlenweges Baumaschinen Erdmassen bewegten für den Bau der neuen Trasse der Bundesstraße 76, fuhren einst die Bauern des ehemaligen Dorfes Wik mit Pferd und Wagen ihr Korn nach Demühlen zur dortigen Mühle. Die Einwohner des Dorfes Wik waren der Mühle in Demühlen zwangsverpflichtet. Nach Einführung der Gewerbefreiheit errichtete 1876 der Zimmermeister Joachim Hinrich Schwensen die Wiker Mühle auf dem heutigen Grundstück Holtenauer Straße 354. Nachdem 1893 die Wik nach Kiel eingemeindet worden war, wurde die Mühle mehr und mehr von hohen Mietshäusern umschlossen. Schon 1905 nahm man die Flügel ab und baute einen Motor ein. 1948 wurde der Mühlenrumpf abgebrochen und ein mehrstöckiges Mühlengebäude errichtet.

104. OTTENDORF

Diese Abbildung zeigt die für Schleswig-Holstein so charakteristische Form der Holländermühle. Die Ständer des Achtkants sind mit langen Aufschieblingen versehen. Dadurch erhält der Rumpf eine geschwungene Form, die sich sanft in die Landschaft einfügt. Die auf diese Weise abgeflachte Schrägung hat aber auch eine funktionale Bedeutung. Durch die flach auslaufende Schrägung wird die Geschwindigkeit des abfließenden Regenwassers gemindert. Die Windmühle in Ottendorf wurde 1869/70 von dem Mühlenbauer Johann Hinrich Matz aus Osdorf erbaut. Mit der Mühle war eine Bäckerei verbunden. Die Mühle war bis 1955 in Betrieb. Sie wurde 1973 abgebrochen.

105. HOHENHORST

Auf der Hohenhorstkoppel nordwestlich des Dorfes ließ der aus Dätgen stammende Müller Detlef Sachau 1868 durch den Mühlenbauer Mohr einen Galerieholländer mit einem gemauerten Unterbau aus Handstrichziegeln errichten. Der Mühlenbauer Mohr baute zur damaligen Zeit mehrere Windmühlen im Gebiet des heutigen Kreises Rendsburg-Eckernförde, zum Beispiel auch die Mühle Schönwandt in Nortorf. Auffälliges Merkmal der von Mohr errichteten Holländermühlen war der hohe schlanke Rumpf. Die Hohenhorster Mühle arbeitete für Kunden in Hohenhorst, Mühbrook, Hoffeld, Dätgen und Schönbek und war bis nach dem Zweiten Weltkrieg in Betrieb. 1957 wurde die zu dem Zeitpunkt bereits flügellose Mühle abgebrochen.

106. MANHAGEN (GEMEINDE LANGWEDEL)

Abseits von Fernstraßen liegt idyllisch am Südende des Pohlsees die 1575 von Thönnis Rantzau, Deutsch-Nienhof, erbaute Wassermühle des Hofes Manhagen, der seit 1926 zur Gemeinde Langwedel gehört. Die über 400 Jahre alte Wassermühle wurde 1981/82 restauriert und ist seitdem wieder funktionsfähig. Zum Hof gehört auch die abgebildete Windmühle. 1825 pachtete der Müller Christian Friedrich Jöhnk aus Westensee das Anwesen und erbaute unweit der Wassermühle aus eigenen Mitteln eine Windmühle, die er bis 1860 in Erbpacht hatte. Nach der Inflation in den zwanziger Jahren erwarb der Industrielle Tgahrt das Anwesen und investierte erhebliche Mittel für die Erhaltung der alten Bauwerke. Die Erbengemeinschaft Tgahrt nutzt die Windmühle jetzt als Wohnung.

107. GROSS VOLLSTEDT

Umgeben von einer mit Knicks durchzogenen Landschaft liegt das zum Amt Nortorf-Land gehörende Dorf Groß Vollstedt. Die Windmühle wurde 1892/93 auf der Ingwerschen Koppel, heute Dorfstraße 62, erbaut. Auffallend war der hohe schlanke Rumpf dieser Mühle. Am 1. Mai 1893 trat der Müller Johannes Rehmke den Besitz an. Um auch an windstillen Tagen mahlen zu können, erhielt die Windmühle 1903 einen Benzinmotor als Aushilfsantrieb. 1925 erweiterte der damalige Besitzer Hans Rehmke den Mühlenbetrieb um eine Saatreinigungsanlage, gleichzeitig ließ er auf dem Grundstück eine Viehwaage einrichten. In den ersten Jahren nach dem Zweiten Weltkrieg war die Windmühle noch in Betrieb. Nach Besitzerwechsel wurde die baufällig gewordene Mühle 1969 abgebrochen.

108. AUKRUG-INNIEN

Auf einem großen Grundstück an der Straße nach Bargfeld errichtete 1878 der Müller Johannes Kuhlmann einen Galerieholländer. 1904 erwarb Gustav Siem die Mühle. Die Müllersleute Gustav Siem und seine ihm 1910 angetraute Frau Anna nahmen viele Jahre Anteil an familiären Ereignissen der Dorfbewohner. Alle Hochzeits- und Trauerzüge mußten auf dem Weg zur Kirche an der 'Inn'er Möhl' vorbei. Bei Hochzeiten stellte der Müller die Flügel seiner Mühle in die Freudenschere; war jemand gestorben, kündete die Stellung der Mühlenflügel von der Trauer im Dorf. 1932 brachen die Flügel und die Mühle arbeitete fortan mit Motor. Nach dem Tod von Gustav Siem im Jahre 1950 wurde der Betrieb eingestellt, da der Müllersohn im Zweiten Weltkrieg gefallen war.

109. HOHENWESTEDT

Hohenwestedt verdankt seine Entwicklung der günstigen Lage an den wichtigen Straßen Rendsburg-Itzehoe und Neumünster-Heide. In dem 1217 erstmals urkundlich erwähnten Ort siedelten sich schon in früher Zeit zahlreiche Handwerker an. Das findet auch Ausdruck in dem Radkreuz im Ortswappen. Das Radkreuz war lange Zeit Symbol des Bauernstandes und verschiedener Handwerker, wie Müller und Stellmacher. Die Abbildung zeigt die einstige Windmühle an der Kieler Straße. 1819 hatte Joh. Maass hier eine Windmühle errichtet. Sie brannte aber schon 1849 nieder. Die abgebildete Windmühle kam 1934 in den Besitz von Weber. Auch diese Mühle brannte ab, und zwar 1943. An gleicher Stelle entstand 1945 die mit Motor betriebene 'Schloßmühle'.

110. JEVENSTEDT

Verkehrsgünstig an der Fernstraße Rendsburg-Itzehoe, die bereits in früherer Zeit eine wichtige Nord-Süd-Verbindung war, liegt das Kirchdorf Jevenstedt. Am Südende des Dorfes wurde 1838 die Windmühle 'Margarethe' am heutigen 'Mühlenweg' erbaut. Der Galerieholländer hatte zwei Gänge und verarbeitete den hier vorwiegend angebauten Roggen und Hafer. Bis nach dem Zweiten Weltkrieg war die schon um 1940 flügellose Mühle der Müllerfamilie Kühl in Betrieb. Ende der siebziger Jahre wurde die Mühle abgebaut. Die äußere Hülle der Mühle verwendete der Bauingenieur, Maurer- und Zimmermeister Reinhard Leichert beim Aufbau eines Galerieholländers auf seinem Grundstück in Husberg.

111. LÜTJENWESTEDT

Nach Aufhebung des Mühlenzwangs und Einführung der Gewerbefreiheit fehlte es dem Müller Hinrich Voß aus Ostermühlen an Kunden für die Auslastung der Wassermühle und der Windmühle, und er verkaufte die Windmühle 1873 an den aus Hademarschen stammenden Peter Martens, der die Mühle auf einer Anhöhe am Brammerbrook in Lütjenwestedt wieder aufbauen ließ. 1888 verkaufte Peter Martens die Mühle an Hans Detlef Ruge. Die Windmühle trug den Namen 'Sophie' und hatte einen Schrotgang für Futtergetreide und einen Roggenschrotgang für Backschrot. Mit zunehmendem Mühlensterben wurde auch in Lütjenwestedt der Windbetrieb eingestellt und 1952 die Kappe abgebaut. 1979 ließen die Eigentümer Helga und Bruno Voß den vom Verfall bedrohten Mühlenstumpf abbrechen.

Aug. Schwiezer, Mühlenbesitzer

112. OHRSEE (GEMEINDE GOKELS)

Am Südrand des Dorfes erbaute im Jahre 1900 der Mühlenbauer Johann Peters aus Nordhastedt den abgebildeten Kellerholländer an der Straße nach Itzehoe. Zu dem Mühlengewese gehörte ein heute noch vorhandenes stattliches Wohn- und Wirtschaftsgebäude. Bis 1899 hatte in Ohrsee noch eine Bockmühle gestanden. Sie wurde vom Wind umgeworfen und teilte damit das Schicksal zahlreicher Bockmühlen. 1938 kam das Dorf Ohrsee zur Gemeinde Gokels. Die Holländermühle hatte nur eine Lebensdauer von wenigen Jahrzehnten. 1943 büßte die im Besitz der Familie Schwieger befindliche Mühle die Flügel ein und 1954 wurde die Müllerei eingestellt. Der noch vorhandene gemauerte Unterbau ist mit einem flachen Zeltdach versehen.

113. BELDORF

Die am südlichen Dorfrand errichtete Mühle zeigt die charakteristischen Merkmale einer schleswig-holsteinischen Windmühle im ausgehenden vorigen Jahrhundert. Der achteckige Unterbau ist aus Ziegeln erstellt. Rumpf und Kappe sind mit Dachpappe verkleidet. Die Windrose drehte die mit Jalousien ausgerüsteten Flügel selbsttätig in den Wind. An der Form des Eingangs ist noch der Mühlentyp des ursprünglichen Kellerholländers erkennbar. Der zunächst vorhandene Mühlenberg wurde später abgetragen und durch flachgedeckte Anbauten ersetzt. 1936 wurden die Flügel abgebaut und für die Mühle in Bargenstedt in Dithmarschen verwendet. Nach dem Zweiten Weltkrieg wurde die Mühle abgebrochen.

114. OSTENFELD

Auf dem Rauhberg, der höchsten Stelle des Dorfes, wurde 1870 die Ostenfelder Windmühle errichtet. Der erste Besitzer der Mühle, Burmeister, betrieb neben der Müllerei eine Gastwirtschaft und später auch eine Landwirtschaft. Im Jahre 1883 ging das Anwesen in das Eigentum der Familie Schümann über. Ein Dampfantrieb machte die Mühle unabhängig von den Launen des Windes; aber schon im Jahre 1906 brannte die Mühle ab. Auf einem dem Gasthof gegenüberliegenden Grundstück wurde wenig später eine Motormühle erbaut. Neben der Lohnmüllerei kaufte der Müller Getreide hinzu und lieferte die Mühlenprodukte an Bäckereien und Mastbetriebe. Im Jahre 1959 wurde die unwirtschaftlich gewordene Mühle stillgelegt. Die Mühlengaststätte wird noch bewirtschaftet.

115. RENDSBURG (SEEMÜHLEN)

Noch auf Rendsburger Stadtgebiet errichtet, aber eng mit dem Dorf Fockbek verbunden, war die Windmühle Seemühlen. Sie wurde 1894 anstelle einer im Februar des gleichen Jahres durch Blitzschlag abgebrannten Windmühle von dem Mühlenbauer Johann Peters aus Nordhastedt erbaut und war mit der erstmals 1375 urkundlich erwähnten Wassermühle verbunden. Die Windmühle erhielt ihren Namen 'Margaretha' nach der Frau des Seemüllers Wilhelm Spethmann. In den fünfziger Jahren war das Ende der Seemühle besiegelt. Hans Wilhelm Spethmann, fünfter in der Reihe der Spethmannschen Müllergenerationen, konnte den Betrieb wegen Kriegsbeschädigung nicht weiterführen. 1958 wurde die Windmühle abgebrochen und das Mühlengrundstück mit Wohnhäusern bebaut.

116. BREDENBEK

Einen gedrungenen Achtkant zeigt dieses Foto von der Windmühle in Bredenbek nahe der jetzigen Bundesstraße 202 von Kiel nach Rendsburg. Die Mühle wurde bereits Ende des 18. Jahrhunderts mit Wohnhaus, Krug und Bauernhaus erbaut und später von einem Erdholländer zu einem Galerieholländer umgebaut. Ursprünglich als Gutsmühle von Kronsburg errichtet, waren der Mühle die Einwohner von Bredenbek und vom Gut Kronsburg mühlenpflichtig. 1809 wurde die Mühle Eigentumsmühle und ist seit 1835 im Besitz der Familie Krey. Auf der Abbildung sind ein Jalousieflügel und zwei Segelflügel erkennbar. Der Jalousieflügel ist an das Bruststück 'angescherft'. Heute ist von der Mühle nur noch der Achtkant ohne Kappe und Galerie erhalten.

117. BISTENSEE

Umgeben von Hügeln, Wald und Wasser liegt das Dorf Bistensee am Nordostufer des gleichnamigen Sees im Naturpark Hüttener Berge. Östlich des Dorfes errichtete 1877 der Mühlenbauer Hansen aus Husum einen Kellerholländer für den Müller Solterbek. Der achteckige Mühlenrumpf war ursprünglich mit Holzschindeln gedeckt, erhielt aber später eine Verkleidung aus Dachpappe. Von den ursprünglichen Segelflügeln wurden später zwei durch Jalousieflügel ersetzt, wie auf dem Bild erkennbar ist. Der aufgeschüttete Mühlenberg war von einer Feldsteinmauer eingefaßt. Die ehemalige Windmühle gab der östlich des Dorfes vorhandenen Hausgruppe den Namen Bistenseemühle.

118. ASCHEFFEL

Auf einem hohen, sich nach oben verjüngenden Unterbau aus gelben Ziegeln wurde 1870 die Windmühle in Ascheffel, einem Ort im heutigen Naturpark Hüttener Berge, erbaut. Der Rumpf des im südlichen Teil des Dorfes errichteten Galerieholländers war mit Holzschindeln verkleidet. Das Erdgeschoß der Mühle hatte zwei Tore und war als Wagendurchfahrt eingerichtet. Solche Durchfahrtmühlen waren in Schleswig-Holstein recht selten. Die einst über die hügelige Landschaft hinweg weit sichtbare Windmühle ist nicht mehr erhalten.

119. OSTERBY

Ein Stück charakteristisch norddeutsche Bauweise vermittelt dieses Bild von der 1983 abgebrannten Windmühle in Osterby. Außen Ziegel und Reet, innen Holz: das waren die Baumaterialien aus der hiesigen Landschaft, aus denen die Holländermühle im Jahre 1867 erbaut wurde. Die Abbildung zeigt auch deutlich den Typ des Berg- oder Kellerholländers. Durch eine breite Tür zu ebener Erde erreicht man das 'Kellergeschoß', das von einem nachträglich aufgeschütteten 'Berg' umgeben ist, von dem aus die Bremse und die Jalousieklappen betätigt werden können. Die Mühle war bis um 1960 in Betrieb. Bei einem Brand im Juni 1983 wurde die Holzkonstruktion in weniger als einer Stunde ein Raub der Flammen.

120. KLEINWAABS

Ein mehrere Kilometer langer Naturstrand und die abwechselungsreiche zerklüftete Steilküste an der Eckernförder Bucht haben die Gemeinde Waabs zu einem beliebten Urlaubsort gemacht. Als Feriendomizil dient heute der Gebäudekomplex Waabs Mühle von Hansgünter Guhl mit Hotel, Café und Gaststätte. Die Windmühle in Kleinwaabs wurde 1879 von dem Architekten Paulsen und dem Mühlenbauer Heinrich Maß aus Kratt anstelle einer abgebrannten älteren Holländermühle errichtet. Die neue Holländermühle war bis zur Kappe gemauert, eine in Schleswig-Holstein nur selten angewendete Bauweise. 1905 brannte die Mühle ab. Der Achtkant wurde etwa bis in halber Höhe abgetragen und der noch vorhandene untere Teil mit einem flachen Zeltdach versehen.

121. KRIESEBY

Von Kunstkennern gerühmt wird die Hofanlage des Gutes Krieseby mit Torhaus und Herrenhaus in der Hauptachse. 1928 kam der Gutsbezirk zur Gemeinde Rieseby. Die Windmühle des Gutes wurde 1873/74 von dem Mühlenbauer Jessen aus Fahretoft auf dem Kellergeschoß einer vorherigen Mühle errichtet. Deutlich abgesetzt ist der in Backsteinen errichtete neue Unterbau von dem älteren, weiß gestrichenen unteren Gebäudeteil. Der Rumpf war mit schwedischen Holzschindeln verkleidet, die 1929 teilweise durch Zinkblech ersetzt wurden, wie an der rechten Seite der Mühle erkennbar ist. Die Kriesebyer Mühle hatte drei Mahlgänge und eine Haferquetsche. Um 1947/48 wurde die Windmühle abgebrochen.

122. ERFDE

Schleswig-Holstein zählt, bedingt durch seine Lage zwischen Nord- und Ostsee, zu den windreichen Gebieten in Deutschland. In einer Windstärkengebietskarte, einer sogenannten Isoventenkarte, von 1943 wird die mittlere Windgeschwindigkeit für die Gebiete der Westküste Schleswig-Holsteins und für die Insel Fehmarn mit über 5 m/s angegeben. Diese reichlich vorhandene Naturkraft nutzte man bis etwa in die Mitte dieses Jahrhunderts zum Antrieb einer Vielzahl von Kornmühlen. Aber auch zum Pumpen von Wasser machte man sich die Windkraft nutzbar. Zum Fördern geringerer Wassermengen bediente man sich dabei vielfach einfacher Mittel, wie die abgebildete Pumpmühle bei Erfde zeigt.

123. ERFDE
Noch einmal die früher vorhandene, mit Windkraft betriebene Wasserpumpe bei Erfde, hier in der Seitenansicht. Das Foto entstand im Sommer 1938 und stammt aus dem Archiv des Provinzial-Brandschutzmuseums Kiel-Rammsee. Es konnte nicht ermittelt werden, ob die Wasserpumpe zur Entwässerung diente, oder ob sie zum Fördern von Wasser für eine Viehtränke eingesetzt wurde. Auch war nicht zu ermitteln, ob solche oder ähnliche Pumpmühlen versichert waren.

124. SÜDERSTAPEL

Am Nordufer der buchtartig erweiterten, etwa 300 m breiten Eiderschleife liegt Süderstapel, der Hauptort des Fremdenverkehrsgebietes Stapelholm. Schon um die Mitte des 16. Jahrhunderts werden in dem geschichtsträchtigen Ort zwei Bockwindmühlen urkundlich erwähnt. Als Ersatz für die Bockwindmühlen baute man 1875 einen Galerieholländer. 1929 übernahm Walter Henningsen, letzter Windmüller in Süderstapel, die Windmühle. Henningsen arbeitete bis 1950 mit Windkraft. Im gleichen Jahr brach er die Mühle bis zur Galerie ab und versah den Rest mit einem niedrigen Satteldach. Bis 1956 mahlte Henningsen noch mit Hilfe eines Dieselmotors. Dann wurde der Betrieb eingestellt.

125. BERGENHUSEN
Noch voll unter Wind hatte Müllermeister Paul Mahrt die mit Jalousieflügeln ausgestattete Holländermühle als um 1935 dieses Foto entstand. Die Windmühle war in der zweiten Hälfte des vorigen Jahrhunderts im Osten des Dorfes am Rand eines Geestrückens errichtet worden. Von hier hat man einen weiten Blick über die Sorgeniederung, die Bergenhusen zu einem Storchenparadies, dem größten seiner Art in Westeuropa, machte. Jedes Jahr im April kommen in das Dorf in der Landschaft Stapelholm an die zwanzig Storchenpaare, die in den weiten Niederungen Nahrung finden. 1958 drehte Heinz Sielmann hier den Film 'Das Jahr der Störche'. Die alte Windmühle wurde nach dem Zweiten Weltkrieg stillgelegt und hat schon lange ihren Kopfschmuck verloren.

126. TREIA

Auf ihrem Weg zur Eider teilt die Treene das Dorf Treia in Oster- und Wester-Treia. In Oster-Treia betrieb um die Mitte des vorigen Jahrhunderts Hans Peter Petersen eine Grützmühle. Nach Aufhebung des Mühlenzwangs erhielt Petersen 1858 eine Mahlkonzession. Petersen errichtete auf dem Mühlenberg eine Holländermühle, verkaufte sie aber 1859 an Jürgen Arp, da ihm das nötige Kapital zum Betrieb der Mühle fehlte. 1903 legte der Müller Fritz Arp ein Elektrizitätswerk an, mit dem er bis 1939 das Dorf mit Strom aus der Mühle versorgte. Nach dem Tod von Fritz Arp übernahm Johann Friedrich Arens den Betrieb und führte ihn unter der Firmenbezeichnung 'Fitz Arp Treia-Mühle' weiter. Die alte Windmühle wurde durch einen Neubau ersetzt.

127. SILBERSTEDT

Nicht wie gewöhnlich, auf einer Erhebung, sondern an einer der tiefsten Stellen des Dorfes wurde in Silberstedt die Windmühle errichtet und 1880 von dem Müller Peter Jepsen in Betrieb genommen. Nach der Kultivierung der Moor- und Heideflächen in der Gemarkung Silberstedt waren die Kornernten so groß geworden, daß es notwendig wurde, sich von der Wassermühle vor Gottorf zu trennen und im Dorf eine Windmühle zu bauen. Die Windmühle war viele Jahre verpachtet, bevor sie 1933 in den Besitz von Hans Vogt kam. Bis 1949 arbeitete der passionierte Windmüller Hans Vogt mit Windkraft, dann ließ er die Flügel abbauen und stellte auf Elektrizität um. 1977 wurde der Betrieb verkauft und die Arbeit eingestellt.

128. FAHRDORF

Nur wenige Autominuten von Schleswig entfernt, steht am Südufer der Schlei die in der zweiten Hälfte des vorigen Jahrhunderts von dem Fahrdorfer Detlef Jessen erbaute Windmühle. Auf der Abbildung aus den dreißiger Jahren ist die Konstruktion des Steerts erkennbar. Der Steert, der zum Drehen der Kappe dient, ist durch eine doppelte Verstrebung verstärkt. Die Balken des kurzen und des langen Spreets liegen auf dem Lager der Kappe. Am unteren Ende des Steerts ist eine Winde angebracht. Die Fahrdorfer Mühle war bis 1949, zuletzt unter Müllermeister Paul Treptow, in Betrieb. 1984 wurde die Mühle renoviert, erhielt eine neue Schindeldeckung und neue Flügel und wurde 1987 mit einer kunstgewerblichen Ausstellung erstmals wieder mit Leben erfüllt.

129. GRÖDERSBY

Einen reizvollen Ausblick auf das Grödersbyer Noor, die Schlei und die Ostangelner Landschaft bietet die 1888 erbaute Holländermühle in Grödersby. 1936 heiratete Walter Jürgensen, ein Kaufmann aus Karby, die Müllerstochter Petersen und erlernte bei seinem Schwiegervater das Müllerhandwerk. Vor allem die Bauern aus den Dörfern Faulück, Karschau und Grödersby ließen in der Grödersbyer Mühle mahlen. Vor Beginn des Zweiten Weltkrieges kostete das Mahlen eines Zentners Hafer 40 Pfennig, als 1966 die Mühle stillgelegt wurde 1,20 DM. Vereinzelt war es auch noch gebräuchlich, daß die Bauern den Mahllohn nicht in bar zahlten, sondern daß der Müller vier Pfund vom Zentner, die sogenannte Matte, einbehielt. 1968 wurde die Mühle verkauft und danach zu einer Wohnung umgebaut.

130. HOLLMÜHLE

Einen beschaulichen Eindruck vermittelt die im Jahre 1843 von dem Mühlenbesitzer Carlsen aus Wellspang in Hollmühle errichtete Holländermühle. Auch ohne Flügel, Kappe und Galerie hat sie ihren Mühlencharakter bewahrt. Die Familie Desler, die 1869 in den Besitz der Mühle kam, nahm an der Mühle mancherlei Veränderungen vor, um den jeweiligen Anforderungen gerecht werden zu können. So wurden 1952 Kappe und Welle entfernt, Getreide- und Schrotsilos eingebaut und moderne Schrotmühlen installiert. Statt des Ächzens und Knarrens der Flügel und hölzernen Wellen hörte man nun den hellen Klang der starken Elektromotoren. Auch heute noch mahlt die Firma Carl Desler, Inhaber Heinz Gorr, für den Eigenbedarf und führt auf dem Anwesen einen Landhandelsbetrieb.

131. HAVETOFT

Die Mühlengeschichte des Dorfes Havetoft in der früheren Struxdorf-Harde reicht weit zurück. Schon 1557 wird hier eine Wassermühle erwähnt. Die Mühle war zunächst in Zeitpacht und später in Erbpacht vergeben. Im Jahre 1842 erhielt der Müller Kornelius Petersen die Konzession, eine Windmühle mit einer Pellerei, einem Mehlgang sowie Grütz- und Graupengang neben der Wassermühle zu errichten. Die Windmühle war bis 1908 in Betrieb. Nachdem durch Bruch eines tragenden Balkens die Mühlenkappe heruntergestürzt war, wurde die Windmühle abgebrochen. Die Wassermühle erhielt anstelle des alten Wasserrades eine leistungsfähige Turbine. Von 1950 bis 1963 führte Johannes Matzen den Betrieb. Matzen übergab die Mühle 1963 an Heinrich N. Clausen, Satrup.

132. EKENIS

Die Landschaft Angeln war früher in verschiedene Bezirke, sogenannte Harden, eingeteilt. Die Bezeichnung wird abgeleitet von Hundert, weil ein solcher Bezirk ursprünglich etwa 100 Besitzungen umfaßte. Das Dorf Ekenis, vormals Eghenäs, gehörte zu der im südlichen Angeln gelegenen Schliesharde. Die Holländermühle wurde 1848 im Norden des Dorfes an der Straße nach Dollrottfeld errichtet. Über 100 Jahre, bis 1953, war die Mühle in Betrieb. Heute ist von der auf einer Anhöhe erbauten Windmühle nur noch ein Stumpf vorhanden. Fast unbemerkt scheint dagegen die Zeit an dem weiß gestrichenen Müllerhaus vorübergegangen zu sein.

133. MEDELBY

Im Nordwesten des Kreises Schleswig-Flensburg liegt
das Dorf Medelby, vor 1970 zum Kreis Südtondern gehörig. Auf dem heutigen Grundstück Hauptstraße 54
erbaute 1858/59 ein Flensburger Mühlenbauer einen
Kellerholländer. Die Windmühle hatte Segelflügel und
Steert. Später erhielt die Mühle Jalousieflügel und
Windrose. Nach dem Ersten Weltkrieg kam zur Müllerei ein umfangreicher Landhandel hinzu. 1948 ließ
Müller Jacobsen durch den Mühlenbauer Philippsen
aus Angeln Flügel und Kappe von der Windmühle abnehmen. Die Mühle wurde zunächst mit Motor weiter
betrieben und später stillgelegt. Die Straßen 'Mühlen-
straße' und 'Achter de Möhl' haben ihren Namen von
der jetzt noch als Stumpf vorhandenen ehemaligen
Windmühle erhalten.

Mühle

134. BRUNSHOLM

Etwa 7 km nordöstlich von Süderbrarup liegen Gut und Dorf Brunsholm, umgeben von fruchtbaren Ländereien des südlichen Angelns. 1820 ließ der Besitzer des adligen Gutes, Dietrich Brix, eine Holländermühle errichten. Die Mühle kam 1860 in den Besitz des ältesten Sohnes Jürgen Brix. Nur drei Jahre später brannte die Mühle durch Heißlaufen ab. Im gleichen Jahr errichtete Jürgen Brix eine neue Kornwindmühle, die zur Gemeinde Brunsholm gehörte. Diese Mühle fiel 1892 einem Feuer durch Blitzschlag zum Opfer. Der damalige Besitzer Hans Bendixen ließ 1892/93 anstelle der abgebrannten Mühle den abgebildeten Galerieholländer errichten. Die Mühle, zu der eine zeitlang auch eine Bäckerei gehörte, arbeitete bis 1946 mit Windkraft und wurde 1953 abgebrochen.

135. SCHÖRDERUP

Die Landschaft zwischen Süderbrarup und Gelting ist gekennzeichnet durch zahlreiche Höhen und Senken. Auf einer besonders markanten Anhöhe in dieser hügeligen Landschaft ließ 1807 der Müller Asmus Matzen am östlichen Ortsrand von Schörderup anstelle einer altersschwachen Bockmühle einen Galerieholländer errichten. Im Mai 1885 traf ein Blitz die Mühle. Obwohl der Blitz nicht zündete, entstand im Innern der Mühle erheblicher Schaden, so daß einige Gänge stillgelegt werden mußten. 1950 kam die Mühle in den Besitz von Erich Flüh. Die hohen Kosten für die Instandhaltung der reparaturbedürftigen Windmühle konnten aber mit der Müllerei nicht erwirtschaftet werden. 1955 ließ Flüh die morschen Flügel abnehmen und schließlich 1964 die Mühle abbrechen.

136. GRUNDHOF

Eine überaus reizvolle Landschaft im nördlichen Angeln ist das Tal der Langballigau. Im Kirchdorf Grundhof, westlich der Langballigau, erstand im Jahre 1826 ein Erdholländer als Ölwindmühle. Nachdem 1856 der Öl-müller Henning Henningsen Konkurs anmelden mußte, kaufte sein Sohn Hans Henningsen das Anwesen und richtete die Windmühle zum Mahlen von Borke ein. Nach wenigen Jahren geriet auch die Borkmühle in Konkurs. 1861 erwarb Peter Hansen aus Sterup die Mühle. Hansen ließ 1870 die baufällige Mühle abbrechen und durch einen Galerieholländer als Kornwindmühle mit vier Mahlgängen ersetzen. Letzter Windmüller in Grundhof war der Heimatvertriebene Paul Richter, der die Mühle 1946 pachtete. Am 8. April 1949 brannte die Mühle ab.

137. AUSACKER

Im Osten des Dorfes Ausacker lag früher an der Kielstau eine fiskalische Wassermühle, die durch Aufstauung des Winderatter Sees das Wasser zum Antrieb des Wasserrades erhielt. Das Aufstauen führte häufig zur Überschwemmung der Wiesen. Die Hufner wandten sich deshalb an die Königliche Regierung und erreichten, daß die Wassermühle 1844 niedergelegt wurde. Als Entschädigung erhielt der Müller Johann Jürgen Hansen von den Hufnern 5 000 Thaler Courant zum Bau einer Windmühle. 1845 erstand im Westen des Dorfes die Windmühle. Sie erhielt den Namen 'Zufriedenheit', als Zeichen der Einigung zwischen Hufnern und Müller. Bis um 1932 ließ Müller Gottlieb Carstensen die Flügel seiner Mühle im Wind kreisen. Nach dem Zweiten Weltkrieg wurde die Mühle abgebrochen.

138. MUNKBRARUP, MÜHLE 'HOFFNUNG', KELLERHOLLÄNDER MIT STEERT

Die Mühle wurde als Grützmühle mit zwei Pellgängen gezimmert, hier 1868 aber mit einem Schälgang und drei Schrotmahlgängen an ihrem zweiten Standort errichtet. Ursprünglich hatte die Mühle Segelflügel; später ersetzte man eine Segelrute durch eine Klappenrute. In dieser Mühle findet man eine der ältesten massiven gußeisernen Flügelwellen ohne Bohrung (3,3 t). Blitzableiter waren ab 1888 wegen der häufigen Mühlenbrände obligatorisch. Die klassische Rumpfeindekkung mit Reet ersetzte Claus J. Stüdtje schon um 1900 durch Zinkblech. Dadurch verbilligte sich die Feuerversicherungsprämie erheblich. Das Gewerbe war bis 1957 in Betrieb. Ab 1979 steht die Mühle unter Denkmalschutz. Frenz Stüdtje versucht heute, alte Traditionen wieder aufleben zu lassen.

139. MUNKBRARUP, MÜHLE 'HOFFNUNG' SACKAUFZUG AUF DEM LOJERIEBODEN
Um die Kornsäcke vom Keller auf den Mahlsaal zu heben, bedient man sich eines windbetriebenen Sackaufzuges. Oben wird ein Seil um die Aufzugswelle gewickelt. Unten wird der Sack am Seil befestigt, der auf den Boden gehoben werden soll. Im Foto ist der Antrieb abgebildet. Die starke eichene Königswelle (vertikal) trägt das horizontale Friktionsrad (mit Eisenring). Das vertikale Reibrad wird bei Bedarf über einen Hebel an das Friktionsrad gepreßt. Dadurch dreht sich die Aufzugswelle mit und wickelt das Seil auf, an dem der Sack hängt. Wenn der Sack die Fall-Luken passiert hat und sich auf Sackbockhöhe befindet, braucht der Müller nur die Reibverbindung zu lösen – der Sack steht dann auf dem Sackbock. Das Seil wird von Hand wieder nach unten gezogen.

140. MUNKBRARUP, MÜHLE 'HOFFNUNG', DAS ZWISCHENGETRIEBE
Die weiterentwickelte Holländermühle unterscheidet sich unter anderem von der Bockmühle dadurch, daß sie die Steine nicht mehr direkt antreibt, sondern über ein Zwischengetriebe mit einer Übersetzung 1:3. Hier ist der Zapfen des Klüvers abgebildet. Er ruht im Lagerholz unter dem Lojerieboden. Um den quadratischen Klüverkopf ist das Stockrad zentrisch verkeilt. Die Weißbuchenstöcke stehen zwischen zwei Eichenholzscheiben. Acht Bolzen halten dieses Scheibenrad fest zusammen (drei Bolzenenden sind zu sehen – unten links drei Stökke). Das Stockrad wird vom großen Stirnrad getrieben (unten rechts sind sechs Kämme zu erkennen). Auf dem Stockrad liegt das 'Slutholt', das im Betriebszustand vor dem Zapfen befestigt ist. Das 'Ein-' und 'Ausrücken' eines Klüvers kann nur bei Stillstand erfolgen.

141. MUNKBRARUP, MÜHLE 'HOFFNUNG', EIN SCHROTGANG

Zu einem Mahlgang gehören Antrieb, Steinpaar und Korndurchlauf. Der 'Klüver' dreht den Läuferstein von oben. Der waagerecht auf dem Boden ruhende 'Ligger' (Bodenstein) ist vom 'Schlengelholz' eingefaßt. Über ihm dreht sich in einstellbarem Abstand der Läufer. Er ist ein poröser Basaltstein aus einem Stück aus Mayen (Eifel). Der die Steine umschließende Auffangbehälter, 'de Kuep' (hier ein Segment herausgenommen), trägt das Schüttelwerk mit Trichter und 'Schuh'. Das Getreide fällt vom 'Schuh' durch das 'Auge' (Blechring) zwischen die Steine und wird dort zu Schrot zerrieben. Im Fußboden erkennt man das Loch, durch welches das Schrot ins Absackrohr und damit in den Sack fällt. (Texte zu Bild 138 bis 141: Frenz Stüdtje, Mühle Munkbrarup.)

142. RÜLLSCHAU

Das Dorf Rüllschau liegt etwa 6 km östlich von der Stadtmitte Flensburgs entfernt. Durch Zusammenlegung mit Maasbüll entstand am 1. Januar 1966 die Gemeinde Maasbüll-Rüllschau, die seit dem 16. September 1969 den Namen Maasbüll führt. Am Nordrand von Rüllschau errichtete im Jahre 1871 der Müller Dethlefsen eine Kornwindmühle. Die Mühle hatte vorher als Graupenmühle in Glücksburg gestanden und war bereits dort in seinem Besitz gewesen. 1923 wurden Luise und Wilhelm Gondesen Besitzer von Rüllschau Mühle. Die Windmühle hatte vier Gänge zur Herstellung von Mehl, Schrot und Grütze. Bis 1948 arbeitete die Mühle mit Windkraft. Dann nahm Wilhelm Gondesen die Flügel ab. Später wurde die Mühle abgebrochen.

143. FLENSBURG (JOHANNISMÜHLE)

Fast 200 Jahre alt ist die aus dem Jahre 1793 stammende St.-Johannis-Mühle südlich der Kappelner Straße 36. Ein Konsortium aus drei Flensburger Kaufleuten pachtete und betrieb die damalige königliche Windmühle. Der Galerieholländer hatte anfangs drei Mehlgänge. Später kam ein Gang zur Herstellung von Grütze und Graupen hinzu. 1927 kaufte die Stadt Flensburg die Mühle und stellte sie unter Denkmalschutz. Als 1939 die Flügel brachen, stellte der Pächter Johann Nissen, letzter Windmüller der St.-Johannis-Mühle, den Windbetrieb ein. Die Mühle erhielt 1954 neue, aber nicht mehr betriebsfähige Flügel. Die mit Holzschindeln verkleidete St.-Johannis-Mühle ist eine der letzten beiden noch erhaltenen Windmühlen in der einst mühlenreichen Stadt Flensburg.

VERZEICHNIS DER MÜHLENSTANDORTE BAND 3

VERZEICHNIS DER MÜHLENSTANDORTE BAND 1-3

BILDNACHWEIS

Für eine Veröffentlichung stellten Bilder zur Verfügung:

J.F. Andersen, Kisdorf: 65
Archiv der Gemeinde Tangstedt: 70
Werner Behning, Wilster: 46, 48
Herbert Bockwoldt, Kastorf: 72
Sievert Christiansen, Dellstedt: 26
Gemeinnütziger Verein Lübeck-Schlutup e.V.: 79
Hansgünter Guhl, Kleinwaabs: 120
Familie Hammann, Wedel: 59
Ernst Hoop, Süderhastedt: 35-37
Ane Ingwersen, Wyk a. Föhr: 3-5
Uwe Karstens, Hamburg: 63, 130, 135
Alfred Kiehn, Dassendorf: 75
K + S Reprotechnik, Süderheistedt: 28
Landesamt für Denkmalpflege Schleswig-Holstein, Kiel: 6, 15, 18, 19, 86, 93, 95, 96, 105, 121
Familie Maaß, Lehe: 24
Lothar Mosler, Uetersen: 58
Nordfriesisches Institut, Bredstedt: 12, 13
Ferdinand Pförtner, Westerland/Sylt: 2
Provinzial Brandschutzmuseum, Kiel-Rammsee: 1, 8-11, 14, 16, 20, 25, 29-32, 34, 38, 42-44, 52-55, 62, 64, 68, 74, 76-78, 82, 88, 89, 94, 97, 99, 106-111, 115-119, 122-124, 126-128, 133, 137, 142
Gerd Remmer, Flensburg: Titelfoto, 136, 143
Reiner Rump, Hamburg: 57
Wilhelm Schäfer, Malente-Krummsee: 98
Schleswag, Rendsburg: 51
Otto Schmidt, Groß Boden: 73
Familie Schümann, Ostenfeld: 114
Werner Sievers, Huje: 47
Rolf Speetzen, Gleschendorf: 84
Stadtarchiv Friedrichstadt: 17
Stadtarchiv Kiel: 102, 103
Stadtarchiv Norderstedt: 66, 67
Frenz Stüdtje, Munkbrarup: 138
Harry Weller, Hartenholm: 61
Familie Wieschiolek, Lübeck: 80, 81
Hans-Werner Zahlmann-Nowitzki, Stakendorf: 100

Aus der Sammlung des Verfassers stammen die Abbildungsvorlagen: 7, 21-23, 27, 33, 39-41, 45, 49, 50, 56, 60, 69, 71, 83, 85, 87, 90-92, 101, 104, 112, 113, 125, 129, 131, 132, 134, 139-141.

AUSGEWÄHLTE LITERATUR

A. Mühlenliteratur

Firma J.F. Andersen, *75 Jahre J.F. Andersen 1884-1959 Kisdorf Mühle.*
Reinhardt Arfsten, *Die Mühlen auf Föhr.* Flensburg 1969.
Friedrich Drube, *Mühlen in Schleswig-Holstein.* Kiel 1935.
Walter Heesch, *Windmühlen in Schleswig-Holstein in alten Ansichten.* Zaltbommel/Niederlande 1985
Walter Heesch, *Windmühlen in Schleswig-Holstein in alten Ansichten Band 2.* Zaltbommel/Niederlande 1987.
Nis R. Nissen (Hrsg.) *Glück zu! Mühlen in Schleswig-Holstein.* Heide 1981.
Hans-Peter Petersen, *Schleswig-Holsteinisches Windmühlenbuch.* Wesselburen und Hamburg 1969.
Gottfried Pöge, *Die Wind- und Wassermühlen des Kreises und der Stadt Flensburg.* Schleswig 1980.
Wolfgang Scheffler, *Mühlenkultur in Schleswig-Holstein.* Neumünster 1982.
Hermann Schmidt, *Die Windmühlen der Insel Sylt.* Husum 1937.
Johannes Stüdtje, *Mühlen in Schleswig-Holstein.* Heide., 4. Aufl. 1982.
Verein zur Erhaltung der Amrumer Windmühle (Hrsg.), *200 Jahre Amrumer Windmühle 1771-1971.* Flensburg 1971.

B. Literatur zur Heimat- und Landeskunde

Arbeitsgemeinschaft für Dorfarbeit in Langenhorn, *Chronikblätter aus Langenhorn.* Langenhorn.
Hartwig Beseler (Hrsg.), *Kunst-Topographie Schleswig-Holstein.* Neumünster 1974.
Otto Clausen, *Geschichte der Wik und ihrer Bewohner.* Kiel 1960.
Jochen Düring, *Kastorfer Chronik.* Kastorf 1986.
Kurt Dummann, *Lehe in drei Jahrhunderten.* Lunden 1978.
Otto Egge, *Die Bauernhöfe der Wilstermarsch mit den Familien ihrer Besitzer,* Wilster 1963.
Detlev Ehlers, *Heimatbuch der Gemeinde Garstedt.* Norderstedt 1970.
Gemeinde Bargfeld-Stegen (Hrsg.), *Dorfchronik Bargfeld-Stegen, Die Geschichte des Dorfes von 1945-1985.* Bargfeld-Stegen 1986.

Gemeinde Hohenwestedt (Hrsg.), *Hohenwestedt*. Rendsburg.

Gemeinde Horst (Hrsg.), *Horst in Holstein einst und jetzt*. Horst 1931.

Gemeinde Horst (Hrsg.), *Horst in Holstein einst und jetzt Band II 1931-1981*. Horst 1982.

Gemeinde Ostenfeld (Hrsg.), *700 Jahre Ostenfeld.* Rendsburg.

Otto Jarchov, *Aus der Geschichte Ostholsteins*. Klingberg 1978.

Otto Kettemann, *Handwerk in Schleswig-Holstein*. Neumünster 1987.

Olaf Klose (Hrsg.), *Handbuch der historischen Stätten Deutschlands Schleswig-Holstein,* Hamburg. Stuttgart 1976.

Johannes Hugo Koch, *Du Mont Kunstreiseführer Schleswig-Holstein,* Köln 1977.

Kreisausschuß des Kreises Steinburg (Hrsg.), *Heimatbuch des Kreises Steinburg Band I-III*. Glückstadt 1924-26.

Johann Kühl, *RUSSEE, eine Dorfchronik*. Russee 1967.

Klaus-J. Lorenzen-Schmidt, *Dorfgeschichte Neuenbrook*. Neuenbrook 1987.

Georg Lund, Glasow, Sarowe, *Smachthagen, Eine Chronik*. Bad Segeberg 1980.

Bruno Meynerts, *Chronik des Karolinenkoogs*. Lunden 1930.

Werner Neugebauer, *Schönes Holstein*. Lübeck 1959.

Henning Oldekop, *Topographie des Herzogtums Holstein Band I und II*. Kiel 1908.

Marcus Petersen, *Die Halligen*. Neumünster 1981.

Planungsgruppe Holm, *725 Jahre Holm*. Holm 1980.

Guntram Riecken, *Die Halligen im Wandel*. Husum 1982.

Henning von Rumohr, *Schlösser und Herrenhäuser in Ostholstein*. Frankfurt 1973.

Herbert Schlömp, *Festschrift zur 60-Jahrfeier der Gemeinde Glashütte*. 1956.

Hans Schlothfeldt, *Die Chronik von Fockbek*. Rendsburg.

Johannes v. Schröder, *Topographie des Herzogthums Schleswig*. Oldenburg i.H. 1854.

Johannes v. Schröder und Hermann Biernatzki, *Topographie der Herzogthümer Holstein und Lauenburg, des Fürstenthums Lübeck und des Gebiets der freien und Hanse-Städte Hamburg und Lübeck*. Oldenburg i.H. 1855/56.

Städtebund Schleswig-Holstein (Hrsg.), *Städte in Schleswig-Holstein*. Kiel 1982.

Statistisches Landesamt Schleswig-Holstein (Hrsg.), *Die Bevölkerung der Gemeinden in Schleswig-Holstein 1867-1970* (Historisches Gemeindeverzeichnis). Kiel 1972.

Statistisches Landesamt Schleswig-Holstein (Hrsg.), *Wohnplatzverzeichnis Schleswig-Holstein. Amtliches Verzeichnis der Ämter, Gemeinden und Wohnplätze, Gebiets- und Bevölkerungsstand: 27. Mai 1970 (Volkszählung).* Kiel 1973.

Wilhelm Stock, *Chronik der Gemeinde St. Michaelisdonn.* St. Michaelisdonn 1984.

Verein Heimatfreunde Schönningstedt-Ohe e.V., *750 Jahre Schönningstedt.* Reinbek 1974.

Arno Vorpahl, *Süderstapel Gesichter eines Stapelholmer Dorfes.* Rendsburg.

Harry Weller, *Hartenholm einst und jetzt.* Bad Segeberg 1982.

C. Einzelbeiträge

Hans Frahm, *Rund um die Doppeleiche zu Faulück;* Jahrbuch des Heimatvereins der Landschaft Angeln 1982.

H.A. Herrmann, *Wassermühlen und Windmühlen im Kreise Plön;* Jahrbuch für Heimatkunde im Kreis Plön 1983.

Harboe Kardel, *Die Eindeichung des Rickelsbüller Kooges;* Zwischen Eider und Wiedau Heimatkalender für Nordfriesland 1983.

Hans Kieckbusch, *Aus der Geschichte des adl. Gutes Övelgönne;* Jahrbuch für Heimatkunde im Kreis Oldenburg 1969.

Alfred Kuehn, *Die Mühlen des Kreises Rendsburg;* Heimatkundliches Jahrbuch für den Kreis Rendsburg 1958.

Gisela Kuhpfal, *Anna Siem und die 'Inn'er Möhl';* Rendsburger Jahrbuch 1981.

Georg Laage, *Zur Geschichte fehmarnscher Windmühlen;* Jahrbuch des Kreises Oldenburg/Holstein 1957.

Herbert Lau, *Die Rugenberger Mühle;* Jahrbuch für den Kreis Pinneberg 1974.

Reinhard Leichert, *Die Wiedererrichtung einer Windmühle in Husberg;* Jahrbuch für Heimatkunde im Kreis Plön 1983.

Mitteilungsblatt für das Müllerhandwerk Jahrg. 1957 und 1958, Hans-Peter Petersen, *Dithmarscher Mühlen im Industriezeitalter;* Zeitschrift Dithmarschen, Heft 4 Dezember 1987.

Hans Detlef Ruge, *Die Windmühle in Lütjenwestedt;* Rendsburger Jahrbuch 1986.

Peter Schafft, *Wind- und Wassermühlen als technische Denkmale in Schleswig-Holstein;* Jahrbuch für Heimatkunde im Kreis Plön 1983.

Niels Sörnsen, *Schneckenmühlen in der Wilstermarsch;* Die Heimat 1958, S. 223-226.

Thomas Steensen, *Die letzten Mühlen der Nordfriesischen Geest;* Jahrbuch für die Schleswigsche Geest 1978.

Peter Wiepert, *Die Segelwindmühle in Lemkenhafen auf Fehmarn;* Jahrbuch für Heimatkunde im Kreis Oldenburg/Holstein 1962.